Rudolf Meinger, Rudolf Meinger

Versprechen und Verlesen

Rudolf Meinger, Rudolf Meinger

Versprechen und Verlesen

ISBN/EAN: 9783743436817

Hergestellt in Europa, USA, Kanada, Australien, Japan

Cover: Foto ©ninafisch / pixelio.de

Rudolf Meinger, Rudolf Meinger

Versprechen und Verlesen

Versprechen und Verlesen

Eine psychologisch-linguistische Studie

von

Dr. Rudolf Meringer

k. k. ao. Professor für vergleichende Sprachforschung an der Universität Wien

und

Dr. Karl Mayer

k. k. ao. Professor für Psychiatrie und Nervenpathologie an der Universität Innsbruck

Stuttgart

G. J. Göschen'sche Verlagshandlung

1895

Vorwort.

Vor Jahren habe ich mich mit den so merkwürdigen Erscheinungen der „Dissimilation" in den indogermanischen Sprachen befaßt, ohne zu einer Lösung der Rätsel zu gelangen. Ich fand, daß Salomon Stricker bereits zweifellos richtig durch Selbstbeobachtung bei stillem Sprechen (Denken) r=Dissimilation konstatiert hatte und beschloß zu achten, wie man sich verspricht, ob im Sprechfehler vielleicht Erscheinungen zutage träten, welche für die Erklärung der historischen Entwicklung der Sprachen von Wert wären.

Bald konnte ich an der Möglichkeit, die Sprechfehler in gewisse Regeln zu bringen, nicht mehr zweifeln und begann zu sammeln. Ich teilte Dr. K. Mayer, damals Assistent an der psychiatrischen Klinik in Wien, meine Erfahrungen mit und bat ihn, ebenfalls zu achten. Mayer prüfte nach und bestätigte meine Regeln vollinhaltlich. Auch steuerte er Material bei, welches unten mit seiner Marke versehen, gebracht wird. Zum Danke für seine treue Mithilfe, die mich festigte und bestärkte und bei dem

Gedanken, daß ich ihm vielleicht mehr schulde, als ich weiß, sowie, daß ich allein nur mit Zagen über solche Dinge geschrieben hätte, weil die Naturforscher häufig geneigt sind, anderen die Fähigkeit richtig zu beobachten abzusprechen, bat ich Mayer, die Arbeit mit mir zu zeichnen und so sich für das Wesentliche des Inhalts, d. h. für die Richtigkeit meiner Beobachtungen und Regeln, mitverantwortlich zu erklären. Mayers Beispiele erscheinen unter meinen Rubriken und unter meinen Beispielen.

Bevor ich noch K. Mayer kannte, hatte ich mit Dr. Lothar v. Frankl, Privatdozent für Neuropathologie, viel über die Grenzgebiete von Psychiatrie und Sprachforschung gesprochen, über die sogenannte „innere Sprache". Von ihm lernte ich einiges aus der medizinischen Litteratur über die Lesefehler der Geisteskranken kennen. Ich bitte die Aerzte, es mir nicht übel zu nehmen, wenn ich sage, ich fand diese Forschungen unbefriedigend. Ich vermißte das genaue Eingehen in die Einzelheiten. Dann schien es mir klar zu sein, daß es als Basis für alle Forschungen bei dem Kranken nötig sei, erst festzustellen, wie der Gesunde sich verlese. Reichliche Gelegenheit zu solchen Beobachtungen bot mir später meine Stellung an der k. und k. Orientalischen Akademie, wo ich junge Leute, die des deutschen zwar vollkommen mächtig sind, deren Muttersprache es aber nicht ist, in deutscher Stilistik zu fördern habe.

Es zeigt sich, daß die Lesefehler große Aehnlichkeit mit den Sprechfehlern haben und ich glaube, daß mir auch

die Aerzte dafür danken werden, daß sie jetzt einen Ueber=
blick über das bei Gesunden vorkommende haben, so daß
es jetzt leichter sein wird, die spezifischen Fehler der Kranken
abzugrenzen.

Mein Interesse an den berührten Fragen ist ein rein
sprachwissenschaftliches. Leider reicht das Material noch
nicht ganz aus, um das zu erklären, was ich gerne er=
klärt hätte, die Dissimilationen. Doch glaube ich der
Lösung sehr nahe gekommen zu sein. Der Leser findet
merkwürdige Sprechfehler, aus denen das Dissimilations=
bedürfnis klar hervorleuchtet und es ist doch zweifellos
sehr bemerkenswert, daß ich beobachtet habe, daß in der
heutigen Verkehrssprache häufig Stottern eintritt, wenn
dieselben Bedingungen vorhanden sind, bei denen uns
die Sprachgeschichte Laut= oder Silbendissimilation auf=
weist. Hier, wie fast überall, ist mein beobachtetes Ma=
terial weit größer als das, welches ich mitteile.

Aber mir wurde bei den mühsamen Beobachtungen
eines klar. So sehr ich die Indogermanistik bewundere
und so wenig ich für mein Teil geneigt bin, an ihrer —
wenn auch nur näheren — Zukunft zu verzweifeln, in den
allgemeinen, methodologischen Fragen, scheint sie mir
zu sehr in aprioristischer Argumentation befangen zu sein.
Hier kommt es gar nicht auf „Ueberzeugungen", sondern
nur auf Beobachtungen an. Man will zu viel auf einmal.
Man will immer gleich reife glänzende Früchte und des=
halb müssen die Aperçus die Stelle der Studien ver=
treten. Daß so viel Richtiges gefunden wurde und daß

gleichsam tappend so viele richtige Erklärungsprincipien
gefunden werden konnten, stellt den dabei beteiligten
Forschern das glänzendste Zeugnis aus und erklärt sich
nur daraus, daß im Leben der Sprache weitgehende Regel=
mäßigkeiten der Erscheinungen festzustellen sind, wie nirgend=
wo in den Aeußerungen menschlicher geistiger Arbeit.

Aber, ich denke, man kann in Hinkunft das Finden
der Erklärungsprinzipien nicht mehr dem Genie oder dem
Zufall überlassen, man muß sie suchen, in der jetzigen
Sprechthätigkeit suchen.

Das ist längst anerkannt, aber es ist schwer sich dazu
zu entschließen, wo der wissenschaftliche Raubbau noch er=
träglich ist. Wenn wir mit uns selbst Geduld haben,
müssen wir auf manche Erklärungen durch Beobachtung
des jetzigen Lebens kommen. Es ist doch recht lehrreich
zu hören, daß S. Stricker, der keine Kenntnis von den
„Dissimilationen" der Grammatiker hatte, durch Selbstbe=
obachtung an sich konstatierte, daß er still sprechend nur
„Roland der —iese" zu denken imstande sei.

Was dieses kleine Büchlein bringt, ist wenig. Es
weist die Zusammenhänge der einzelnen Erscheinungen bei
den gewöhnlichen Arten der Sprechfehler nach, hebt also
die Subjektivität des Versprechens auf. In dem letzten
Kapitel suche ich das aus den Sprechfehlern Gelernte zur Er=
klärung einiger Sprachphänomene zu verwerten. Die
Sprechfehler scheinen mir mit einer Anzahl sprach=
historischer Erscheinungen in Zusammenhang zu stehen.
Die Fassung dieses Kapitels ist knapp, das Material be=

kannt. Es handelte sich mir darum, den Naturforschern zu zeigen, welcher Art die uns beschäftigenden Thatsachen sind und sie so in den Stand zu setzen, uns von ihrer Seite zu Hilfe zu kommen. Man muß sich hüten, den Sprechfehler als etwas Pathologisches aufzufassen. Beim Sprechfehler versagt nur die Aufmerksamkeit, die Maschine läuft ohne Wächter, sich selbst überlassen. Und was den Sprechfehler für die Sprachwissenschaft lehrreich macht, ist der Umstand, daß das Uhrwerk in solchen Augenblicken des Mantels entkleidet scheint und ein Blick in die Räder möglich ist.

H. Paul war wohl der Erste, der „wiederholtes Versprechen" als Ursache gewisser lautlicher Wandlungen angenommen hat. Aber so darf man wohl nicht sagen. Versprechen und einige Arten des Lautwandels sind nicht von einander abhängig, sondern haben eine gemeinsame höhere Ursache, die in der Anlage des psychischen Sprechorganismus liegt.

Kürzlich hat wieder V. Michels das Versprechen zur Erklärung herangezogen. Er läßt in den Indogermanischen Forschungen IV S. 62, idg. *pōtmen zu *ptōmen werden und beruft sich für diese Metathese auf Sprechfehler z. B. man sage „die Katze tritt die Kreppe trumm" für „. . Treppe krumm". Das Beispiel beweist natürlich für *ptōmen gar nichts, da es ja einen ganz anderen Fall zeigt. Zudem muß ich Michels versichern, daß ich niemals ähnliches als Versprechen gehört habe. Damit ist natürlich nicht gesagt, daß nicht in ganz anderen Sprachen und Perioden derartiges möglich ist und war.

Die Psychiater haben schon den Wunsch ausgesprochen, daß die Lesefehler auch aus anderen modernen Sprachen beschrieben werden. Dasselbe Interesse hat auch die Sprach= wissenschaft die Sprech= und Lesefehler von in anderen Sprachen denkenden Menschen kennen zu lernen. Sprachen mit anderer Silbentrennung, anderem Accente wären be= sonders zu empfehlen.

K. Mayer gedenkt demnächst die Sprech= und Lese= fehler der Kranken zu untersuchen und damit wird wohl das, was ich vorläufig über diesen Gegenstand hier mit= teile, bestätigt oder beseitigt werden. Dieser Beitrag sollte schon mit der vorliegenden Arbeit erscheinen. Da Mayer unterdessen nach Innsbruck ernannt worden ist, war ihm aus äußeren Gründen das rechtzeitige Fertigstellen un= möglich. Leider muß ich also auch diesen Teil in der Fassung, wie ich ihn vor etwa vier Jahren niederschrieb, als ich viel mit Lothar v. Frankl über diese Dinge sprach, hier geben. Ich wollte mit der Herausgabe nicht länger zögern, denn ich für mein Teil war zu einem gewissen Abschluß gekommen.

Meine rein sprachwissenschaftlichen weiteren Aus= führungen will ich in einer Fachzeitschrift erscheinen lassen.

Sechs Jahre Beobachtung meinerseits und eine bald zweijährige Nachprüfung Mayers stecken in dem Büchlein. Ich für mein Teil bin sehr zufrieden, wenn die Sprach= forscher mir zugeben, daß die Sprechfehler einen

Redemechanismus enthüllen, der die Art, wie entfernte Laute (im Worte oder Satze) auf einander einwirken, zeigt. Man wird wohl auch finden, daß die fehlerhaften Augenblicksbildungen sehr interessante falsche Analogien, Contaminationen u. s. w. zeigen.

Das letzte Kapitel bringt bloß Illustrationsmaterial. Es liegt mir ferne, glauben machen zu wollen, daß alle alten indogermanischen Sprachen und ihre heutigen Nachkommen dieselben Arten von Beziehungen entfernter Laute aufweisen. Darüber wird sich erst dann ein Urteil fällen lassen, wenn ein genügendes Material von Sprechfehlern aus den verschiedenen heutigen Sprachen gesammelt sein wird.

Ich hoffe, daß der Weg, den H. Paul gewiesen und den ich betreten habe, noch von Anderen wird verfolgt werden. Nur in diesem Sinne sei das Büchlein den Gelehrten zur freundlichen Anteilnahme empfohlen.

Der etwas ungeduldige Abschluß des Manuskriptes und seine Folgen werden dem Auge des kundigen Lesers nicht verborgen bleiben. Es ist an mir, dafür um Nachsicht zu bitten.

Wien, Weihnachten 1894.

Rudolf Meringer.

Inhalt.

Erklärung der Abkürzungen,

welche nicht ohne weiteres verständlich sind.

ab. bedeutet Altbaktrisch, die Sprache des Zendavesta.

ags. bed. Angelsächsisch.

ahd. bed. Althochdeutsch.

ai. bed. Altindisch, Sanskrit.

an. bed. Altnordisch.

apf. bed. Altpersisch, die Sprache der Keilinschriften der
    Achaemeniden.

af. bed. Altsächsisch.

asl. bed. Altslovenisch (altbulgarisch).

griech. bed. Altgriechisch.

idg. bed. Indogermanisch.

kr. bed. Kroatisch.

lat. bed. Lateinisch.

lit. bed. Litauisch.

mhd. bed. Mittelhochdeutsch.

nhd. bed. Neuhochdeutsch.

nsl. bed. Neuslovenisch.

s. bed. Serbisch.

Zeitschriften,

deren Namen öfter im Texte abgekürzt erscheinen.

Zeitschrift für vergleichende Sprachforschung auf dem Gebiete
der indogermanischen Sprachen. Hgg. von E. Kuhn und
J. Schmidt.

Indogermanische Forschungen von K. Brugmann und
W. Streitberg. Straßburg. Von 1891 ab.

Sitzungsberichte der Jenaischen Gesellschaft für Medizin und Naturwissenschaft. Supplement zur Jenaischen Zeitschrift für Naturwissenschaft.

Verzeichnis der Werke,
deren Titel im Texte öfter abgekürzt erscheinen.

Angermann, Constantin, Th. Die Erscheinungen der Dissimilation im Griechischen. Leipzig. S. Hirzel 1873.

Ballet, Gilbert. Die innerliche Sprache und die verschiedenen
Formen der Aphasie. Leipzig und Wien 1890. 2 Auflagen.
Uebersetzt von Dr. Paul Bongers.

Bechtel, Fritz. Ueber gegenseitige Assimilation und Dissimilation
der beiden Zitterlaute. Göttingen 1876.

Brugmann, Karl. Grundriß der vergleichenden Grammatik der
indogermanischen Sprachen. Straßburg 1886—1893.

Curtius, Georg. Grundzüge der griechischen Etymologie. 5.
Auflage. Leipzig 1879.

Graff, E. G. Althochdeutscher Sprachschatz 1834—46.

Kluge, Friedrich. Etymologisches Wörterbuch der deutschen Sprache.
5 Auflagen. Straßburg.

Kurschat, Friedrich. Grammatik der litanischen Sprache. Halle 1876.

Kußmaul. Die Störungen der Sprache. Leipzig 1877, vgl.
Handbuch d. Path., hg. v. Ziemssen, Bd. XII.

Meisterhans, K. Grammatik der attischen Inschriften, 2. Aufl.
Berlin 1888.

Meyer, Gustav. Griechische Grammatik. 2. Aufl. 1886.

Meyer-Lübke, Wilhelm. Grammatik der Romanischen Sprachen.
Bd. I, 1890, Bd. II 1894.

Miklosich, Franz. Etymologisches Wörterbuch der slavischen Sprache.
Wien 1886.

Müller, Iwan. Handbuch der klassischen Altertumswissenschaft.
Benützt ist Bd. II, 2. Auflage, enthaltend die Griechische Gram-
matik von K. Brugmann und die Lateinische Grammatik von
Fr. Stolz. München 1890.

Noreen, Adolf. Abriß der urgermanischen Lautlehre. Straßburg 1894.

Osthoff, Hermann und Brugmann, Karl. Morphologische
Untersuchungen. 5 Bände. Leipzig 1878—90.

Paul, Hermann. Grundriß der Germanischen Philologie. Straßburg.

Paul, Hermann. Principien der Sprachgeschichte, 2. Auflage. Halle 1886.

Sievers, Eduard. Grundzüge der Phonetik. Leipzig. Bis jetzt 5 Auflagen.

Stricker, Salomon. Studien über die Sprachvorstellungen. Wien 1880.

Wunderlich, Hermann. Unsere Umgangssprache in der Eigenart ihrer Satzfügung. Weimar und Berlin 1894.

Schmidt, Johannes. Zur Geschichte des indogermanischen Vokalismus. I. Weimar 1871. II. Weimar 1875.

Schmidt, Johannes. Die Pluralbildungen der indogermanischen Neutra. Weimar 1889.

Schuchardt, Hugo. Ueber die Lautgesetze. Gegen die Junggrammatiker. Berlin 1885.

Stolz, Friedrich. Historische Grammatik der Lateinischen Sprache, Leipzig 1894. (Erschienen I. Bd., 1. Hälfte.)

I. Vorbemerkungen.

Es ist kein Zweifel und kann kein Zweifel darüber bestehen, daß die Sprachwissenschaft es mit mehr oder wenigstens auch noch etwas anderem zu thun hat als der gesprochenen oder gar der niedergeschriebenen Sprache. Sie hat es in letzter Linie mit der gedachten Sprache zu thun, einem rein psychologischen Vorgange, mit dem, was die Hirnphysiologie „Sprachvorstellungen" oder „Innerliche Sprache" heißt.

Der Ausdruck „innerliche Sprache" oder besser „innere Sprache" stammt aus der Medizin. Analog gebildet wie „inneres Sehen", „inneres Hören", bedeutet „inneres Sprechen" die psychischen Prozesse, welche der sinnenfälligen Sprache vorausgehen und sie hervorrufen. Bis jetzt haben sich mit der inneren Sprache nicht nur die Naturforscher, sondern auch die Sprachforscher befaßt, aber beide gingen getrennt ihre Wege. Es scheint aber die Zeit zu nahen, wo die einen von den Ergebnissen der Bemühungen der andern werden Kenntnis nehmen müssen.

Schon einmal hat die Philologie feste Stützen von

der Anlehnung an die Naturwissenschaften erhalten; der Gewinn war ein reicher und ist bis heute nicht mehr versiegt. Es war die Zeit, wo Brücke die Physiologie der Sprachlaute erforschte und verständlich darlegte. Heute giebt es keinen Sprachforscher mehr, der nicht über die Erzeugung der Laute Bescheid wüßte. Aber ich fürchte sehr, daß noch die allerwenigsten wissen, von welcher Stelle des Gehirnes die Muskeln unserer Sprachwerkzeuge ihre Aufträge erhalten, innerviert werden. Die Bedeutung der Arbeiten von Männern wie Broca, Wernicke, Kußmaul, Lichtheim für unsere Probleme wird in Philologenkreisen gewiß nicht genügend bekannt sein.

Es ist hier nicht der Ort, den jetzigen Stand der Frage der inneren Sprache darzulegen. Erwähnt mag nur sein, daß der Nichtarzt eine leichtfaßliche Darstellung der herrschenden Lehren in dem Buche Gilbert Ballets „Die innerliche Sprache und die verschiedenen Formen der Aphasie" findet.*) Eine brauchbare Uebersicht bietet Dr. Ernst Malachowski: „Versuch einer Darstellung unserer heutigen Kenntnisse in der Lehre von der Aphasie" in Volkmanns Sammlung klin. Vorträge Inn. Med. No. 108 S. 2941 bis 2966. Eine Kritik der herrschenden Ansichten bringt Dr. Sigmund Freud: Zur Auffassung der Aphasien, Wien 1891.

Der wichtigste Fund der Naturforscher war die Er-

---

*) Das Buch Ballets, er war Schüler Charcots, giebt die Ansichten der französischen Schule aber ein Exkurs des Uebersetzers vermittelt auch die Kenntnis der deutschen Arbeiten.

kenntnis, daß die Fähigkeit, unsere Sprachwerkzeuge in Bewegung zu setzen, zu innervieren, im Gehirne lokalisiert, an einen bestimmten Ort gebunden ist. Es ist (bei Rechts-händern) die sogenannte Brocasche Stelle der III. oder I., besser gesagt, der unteren Stirnwindung der linken Hirnhemisphäre. Ist diese Brocasche Stelle, das hintere Drittel der unteren Stirnwindung, arbeitsunfähig, so ist damit die Fähigkeit sprachlicher Bewegungsleistung aufge-hoben (motorische Aphasie).

Die „innere Sprache" findet ihre physiologische Grundlage in Gehörsbildern (Reproduktionen von Gehör-eindrücken) und Sprechbildern (Reproduktionen von Muskelgefühlen der beim Sprechen notwendigen Bewe-gungen). Manche denken — soweit sich das Denken über-haupt sprachlich abspielt — mehr in Sprechbildern, andere mehr in Gehörbildern. Die akustischen Sprachbilder sind an der sogenannten Wernickeschen Stelle lokalisiert, in der I. Temporalwindung der linken Hirnhemisphäre, in nächster Nähe der Brocaschen Stelle.

Außer den motorischen Sprechbildern und den akustischen Sprachbildern haben heutige gebildete Men-schen noch andere Behelfe des Gedankens, das Schreibe-bild, d. h. die motorischen Vorstellungen vom zu schreiben-den Wort, und die Schriftbilder, d. h. die optischen Vorstellungen vom geschriebenen oder gedruckten Wort. Sie alle gehören zur „inneren Sprache" und die heutige Medizin betrachtet Agraphie, Alexie und Aphasie unter einem und demselben Gesichtspunkte.

Motorisch: | Sensorisch:

Sprechbilder: { Lautsprechbilder / Wortsprechbilder

Schreibbilder: { Lautschreibbilder / Wortschreibbilder

Sprachbilder: (akustisch) { Lautsprachbilder / Wortsprachbilder

Schriftbilder: (optisch) { Lautschriftbilder / Wortschriftbilder

Für den Sprachforscher hätte es den größten Wert, zu wissen, ob die Sprechbilder localisierte Lautcentren zur Voraussetzung haben (wie S. Stricker angenommen hat), d. h. also, ob wir ein r-, l-, p-, etc.-Centrum haben, ob von ganz bestimmten Punkten der Hirnrinde aus, das r, l, p . . . hervorgebracht wird.

Eine solche Annahme wäre aber heute kaum mehr zu vertreten. Die Sache verhält sich folgendermaßen.

Es gehen allerdings von bestimmten Stellen der Hirnrinde, des Stirnlappens, die Aufträge an die einzelnen Muskeln des Sprechapparates aus. Da aber zur Hervorbringung eines Einzellautes immer das Zusammenwirken mehrerer Muskeln notwendig ist, müssen folgerichtig auch bei jedem Einzellaute verschiedene Rindenstellen gleichzeitig in Thätigkeit treten. Die Möglichkeit einer solchen Kollektivleistung ist durch die associative Verknüpfung der einzelnen Rindenstellen unter einander gegeben.

Die Summe dieser Innervationsvorgänge kann als die funktionelle Einheit des Lautes bezeichnet werden.

Man glaube aber nicht, daß dieser Komplex etwas unveränderlich starres ist. Wäre die Sprache eine Aneinanderreihung vollkommen gleichwertiger Laute mit gleicher Zeitdauer, Betonung, Energie, dann wäre der Vorgang bei der Hervorbringung des Lautes immer — wenigstens annähernd — der gleiche. Das ist aber nicht der Fall. Wir sprechen ja nicht so wie das lesenlernende Kind das eintönig ein Wort wirklich aus gleichwertigen Einzellauten zusammensetzend — l i e s t.

Die ganze moderne Auffassung der Aphasien beruht auf der Erkenntnis, daß eine Fähigkeit zeitlebens so geübt wird, wie sie erlernt wurde. Nun lernen wir aber nicht buchstabierend s p r e c h e n. Das Kind lernt nicht zuerst a l l e Laute, dann Silben, dann Wörter und Sätze, sondern es lernt zuerst Wörter oder doch wenigstens Silben und vielfach zuletzt gewisse Laute. Die Bekanntschaft mit dem losgelösten Einzellaute beginnt wohl erst mit dem Schulbesuche, d. h. mit dem Erlernen des Lesens (Lautierens) und Schreibens. Was wir also zuerst lernen, sind W o r t - b e w e g u n g s b i l d e r — Wortsprechbilder, — nicht L a u t - b e w e g u n g s b i l d e r — Lautsprechbilder — und der Analphabet erlernt die ersteren überhaupt einzig und allein. Man könnte sich wohl denken, daß eine gewisse Selbständigkeit der Laute ohne Lesen und Schreiben nicht wohl angenommen werden dürfe.

Man weiß, daß die Sprachen beständigem Wechsel unterliegen. Die Formulierung eines Lautwandels wird gewöhnlich ein „Lautgesetz" genannt.

Eine Reihe von modernen Sprachforschern hält die „Lautgesetze" für ausnahmslos, oder erklärt, wie H. Schuchardt ihnen zu sagen vorschlug: „Der Lautwandel geht nach ausnahmslosen Gesetzen vor sich." (H. Schuchardt, Ueber die Lautgesetze, S. 3).

K. Brugmann hat in seiner Leipziger Antrittsrede
(vgl. zum heutigen Stande der Sprachwissenschaft S. 51
und Paul, Prinzipien der Sprachgeschichte 2. Aufl. S. 62)
das zu begründen, a prioristisch zu beweisen gesucht. Er
und Paul argumentieren so: Jedem Laute entspricht ein
gewisses Bewegungsgefühl. Aendert sich dieses, so ändert
es sich überall dort, wo der Laut unter denselben Be=
dingungen erscheint, d. h. der Laut wird überall dieselbe
Wandelung zeigen.

Schuchardt hat schon die Schwächen dieser Schlüsse
erkannt und namentlich die Schwierigkeiten der Beurteilung,
ob wirklich dieselben Bedingungen vorliegen, hervorgehoben.
Aber ich möchte weitergehen. Brugmann hätte nur dann
Recht, wenn alle Menschen (zu allen Zeiten) buchstabierend
(lautierend) sprechen gelernt hätten und auch dann immer
so gesprochen hätten und sprächen. Davon kann aber gar
keine Rede sein, nicht einmal für unsere heutigen Verhält=
nisse. Wir haben nicht lautierend sprechen gelernt, sondern
in Komplexen, und unsere innere Sprache besteht in Wort=
bewegungsbildern, nicht in zusammengesetzten
Lautbewegungsbildern.

Brugmann sagte (a. a. O. S. 51 1885): „Die
Aussprache wird ja nicht für jedes einzelne Wort besonders
gelernt, sondern wo die gleichen lautlichen Bedingungen
gegeben sind, tritt mit Notwendigkeit auch das gleiche Be=
wegungsgefühl und damit die gleiche Aussprache ein. Das
ist es, was man unter Ausnahmslosigkeit der Lautgesetze
zu verstehen hat." Und Paul sagte (a. a. O. S. 62 1886):

„Das Bewegungsgefühl bildet sich ja nicht für jedes ein= zelne Wort besonders, sondern überall, wo in der Rede die gleichen Elemente wiederkehren, wird ihre Erzeugung auch durch das gleiche Bewegungsgefühl geregelt."

Ich halte das einfach für falsch. Die Aussprache wird in der That für jedes einzelne Wort besonders ge= lernt, was man gleich sehen wird, wenn man beachtet, wie vorsichtig tastend wir oft ungewöhnliche Wörter sprechen. Diese werden wirklich buchstabierend hervorgebracht, aber geläufiges, rasches Reden wäre wohl ohne die W o r t = s p r e c h b i l d e r unmöglich.

So stünde Behauptung gegen Behauptung. Es ist an der Zeit, daß man sich nach B e w e i s e n umsieht. Diese werden erst dann möglich sein, wenn die Beobachtung der sprechenden Menschen etwas mehr gepflogen werden wird, als es bis jetzt noch immer der Fall ist, obwohl über die Notwendigkeit solcher Beobachtungen schon längst kein Zweifel ist und sie hervorzuheben nachgerade zu einem billigen Vergnügen geworden ist.

Ich möchte nur auf eine Analogie hinweisen, die lehr= reich zu sein scheint. Man denke an gewisse Erfahrungen beim Schreiben. Dieses h a b e n wir buchstabierend gelernt, hier haben wir zweifellos graphische, motorische **Lautbewe=** **gungsbilder,** Lautschreibebilder, wie ich oben sagte, aber wem kann es entgehen, daß man gewisse häufige Wörter („Ew. Wohlgeboren", „Ihr ergebener", seinen eigenen Namen u. s. w.) m i t a n d e r n a l s d e n g e w ö h n l i c h e n

Buchstaben, mit flüchtigeren, wenn man will, schlechteren, schreibt?

Man kann nicht zweifeln, daß es demnach graphische Wortbewegungsbilder — Wortschreibebilder — in uns giebt, ja mehr noch, daß der geübte Schreiber die meisten Worte nach diesen schreiben wird und höchstens fremde Wörter buchstabierend wird zusammensetzen müssen.

Und erst der geübte Sprecher! Je häufiger das Wort, desto weniger „buchstabiert" wird es sein, wie man in Grüßen, Anreden*) u. dgl. sehen kann. Und von diesen häufigsten Wörtern zu den seltensten führt eine kontinuier= liche Brücke.

Kurz, wer so argumentiert wie Brugmann, der spricht kurz und scheinbar klar, aber er stellt leider die Dinge einfacher dar, als sie eben sind.

Ich denke hier einen kleinen Beitrag zur Kenntnis der inneren Sprache zu geben, d. h. zur Kenntnis der „inneren Sprachlaute" (wie ich sagen will, zum Unter= schiede von den Sprachlauten schlechtweg, d. h. den Lauten der äußeren Sprache) und ihrer Beziehungen unter einan= der, und zwar durch die Feststellung der Gleichmäßigkeit aller Arten des Versprechens.

Man wird hoffentlich finden, daß die häufigeren Er= scheinungen der Sprechirrtümer genügend berücksichtigt sind.

---

*) Bekannt ist, was alles aus „Guten Morgen" wird; man beobachte auch, wie „wissen Sie" bei vielen Personen, welche diese Redensart gewohnheitsmäßig sehr häufig gebrauchen, auf die selt= samste Weise verschliffen wird.

Für die selteneren reicht allerdings unser Material noch
nicht aus und wir behalten uns vor, weiter zu sammeln.

II. Wie man sich verspricht.

Schon vor mehreren Jahren war ich zur Ueberzeu=
gung gekommen, daß man sich nicht regellos ver=
spricht, sondern daß die häufigeren Arten sich zu ver=
sprechen auf gewisse Formeln gebracht werden können.
Mit der Regelmäßigkeit der Sprechfehler (wie ich zum
Unterschiede von den organisch bedingten Sprachfehlern
sagen will) gewinnen dieselben an Bedeutung, sie müssen
durch konstante psychische Kräfte bedingt sein und so wer=
den sie zu einem Untersuchungsgebiet für Naturforscher und
Sprachforscher, die von ihnen Licht für den psychischen
Sprechmechanismus erwarten dürfen.

Man ist gewiß sehr geneigt, die Sprechfehler in Be=
zug auf Häufigkeit des Vorkommens zu unterschätzen. Hat
man erst einmal darauf achten gelernt, dann sieht man,
wie sehr man sich getäuscht hat. Wenn es in einer Ge=
sellschaft etwas lebhafter wird und Rede und Gegenrede
rascher wechseln, dann stellen sie sich mit Bestimmtheit ein.

Aber man kann sich auch ruhig zu jedem hinsetzen, der
sich erhebt, um eine Rede zu halten. Man wird nur in
den seltensten Fällen längere Zeit auf Sprechfehler warten
müssen. Ich habe im Kollegium der philosophischen Fakul=
tät in Wien, wo doch gewiß geübte Sprecher sind, merk=
würdige Versprechen gehört und notiert und hätte sehr viel

mehr notieren können, wenn ich nicht als einer der Pro=
tokollführer zu sehr auf den Sinn der Reden hätte achten
müssen.

Bei länger dauernden Abendgesellschaften steigert sich
die Anzahl der Sprechfehler sehr bedeutend. Dann er=
eignen sich die schweren, d. h. komplicierten Fälle. Vor=
ausgeschickt sei, daß keines meiner Beispiele unter den ge=
ringsten Anzeichen von Alkoholismus zu Tage trat. Wo
besondere Umstände, Müdigkeit, spätere Abendstunde, sich
bemerkbar machten, da finden sich auch unten entsprechende
Zusätze.

Der Sprechfehler ist an sich nichts Krankhaftes, nichts
Pathologisches. Der gesündeste Mann ist in seiner ge=
sündesten Stunde nicht sicher sich zu versprechen. Kurz
die Bedingungen zum Versprechen sind immer vorhanden
und die Möglichkeit, das Versprechen in Regeln zu bringen,
zeigt uns das Vorhandensein eines gewissen geistigen Mecha=
nismus, in welchem die Laute eines Wortes, eines Satzes,
und auch die Worte untereinander in ganz eigentümlicher
Weise verbunden und verknüpft sind.

Richtig ist, daß bestimmte Individuen im Versprechen
Auffallendes leisten, aber auch bei ihnen erscheinen keine
eigenen Regeln.

Gewöhnlich werden die Sprechfehler thatsächlich über=
hört. Dadurch, daß die Erziehung es uns zur Pflicht
macht, über solche Dinge nicht zu lachen, lernen wir sie
übersehen und müssen uns Gewalt anthun, indem wir den
Sinn wieder schärfen. Nur wenn durch einen Sprech=

fehler unabsichtlich gewisse konventionelle Grenzen über=
schritten werden, drängt sich das Wort so mächtig auf,
daß es nicht ignoriert werden kann. Aber der Haupt=
grund des Ueberhörens von Sprechfehlern liegt darin, daß
der Hörer ganz ähnlich daran ist wie der Sprecher und
wohl aus derselben Ursache überhört, aus der
der andere sich verspricht.

Zu dem letzteren sei gleich hier ein lehrreicher Fall
citiert, der sich nach Abschluß dieser Arbeit ereignete. Mu.
stellt mir einen Herrn vor und sagt: „Du leichst dir
merk seinen Namen, er heißt Oblak." Obwohl ich auf
Sprechfehler aus bin, kam dieser mir doch nicht recht zum
Bewußtsein und ich verstand sehr wohl, daß Mu. auf
einen andern Oblak, den Grazer Slavisten, anspiele. Nach=
dem die Vorstellung zu Ende war, sagt mir Mu.: „Hast
du gehört, was ich gesagt habe?" Er wiederholte es; auch
bei mir wurde das Klangbild wieder wach und ich konnte
bestätigen, daß er wirklich so gesagt, was auch Dr. Al.
Homann sofort weiter bekräftigte. (Siehe unter Vertau=
schungen).

Meine Beispiele sind mit Marken versehen, welche die
Anfangsbuchstaben des Namens oder auch den Namen selbst
der Person bedeuten, die sich versprochen hat. Ein ref.
hinter einem Namen bedeutet, daß mir der Fall berichtet
wurde.

Die meisten unten zusammengestellten Sprechfehler sind
in einer Gesellschaft, welche regelmäßig mittags zusammen=
kommt, vorgekommen und beobachtet worden. Das Alter

der Herren schwankt wenig um dreißig, nur Reg.=R. ist ein Fünfziger und Abl. ein sehr frischer Siebziger. Alle Herren sind redegewandt und haben akademische Bildung. Mu. ist Slovene, Feo. Russe, doch sprechen beide sehr gut deutsch. Sonst habe ich nur Fehler aufgenommen, die alle Gewähr richtiger Beobachtung hatten. Die Regeln beziehen sich zumeist aufs Deutsche, aber ich glaube, sie werden bei ähnlichen Sprachen in derselben Weise zu finden sein.

Ich habe in unserer Gesellschaft wenig Fehler ver= zeichnet, die ich allein gehört. Fast alle sind von mehreren beobachtet und sofort aufgezeichnet worden. Aber in anderen Kreisen war die Lage nicht so günstig. Viel Ma= terial geht dadurch verloren, daß man aus Furcht anzu= stoßen, nicht sofort die Aufzeichnung vornehmen kann. Und sich auf das Gedächtnis zu verlassen, halte ich bei so heiklen Fragen für unstatthaft. Aber ich darf versichern, daß das viele, was ich nicht aufzeichnen konnte, nicht in Wider= spruch mit den Regeln stand.

Merkwürdig ist auch, daß niemand sich versprochen haben will. Es giebt sehr gescheite und ehrliche Menschen, welche beleidigt sind, wenn man ihnen sagt, sie hätten sich versprochen. Man merkt es oft eben nicht. Ja, man kann sich versprechen und korrigieren und doch von alle dem nichts wissen.

K. Mayers Beispiele stammen zumeist aus Aerzte= und Studentenkreisen, einiges auch aus Familien. Von Kindern habe ich sehr weniges aufgenommen, obwohl es bei solchen, welche bereits fließend sprechen können, keinen Anstand gehabt hätte.

Nachforschende bitte ich, jeden Fall, der ihnen aufstößt, individuell zu behandeln und namentlich den Satz, in dem der Fehler sich findet, genau zu betrachten; dann, denke ich, werden wir wohl weitere Förderung, aber wenig Widerspruch erfahren.

Von selbst dargeboten hätte sich mir das Anekdotenmaterial, in dem ja der Sprechfehler eine bedeutende Rolle spielt. Ich habe es als wissenschaftlich nicht beglaubigt abgewiesen. Aber es ist nicht zu verkennen, daß es sehr häufig (ich möchte am liebsten sagen „immer") zu meinen Beobachtungen stimmt. Vieles davon hat sich wohl thatsächlich zugetragen. Einige Fälle, bei denen das besonders einleuchtet, bringe ich vor.

Bei den Beispielen bitte ich immer an den Einfluß des Wiener Dialekts zu denken. Es wurde eben alles genau so aufgeschrieben, wie es gesprochen wurde; dagegen glaubte ich von einer phonetischen Schreibweise Abstand nehmen zu können.

A. Vertauschungen.

Die häufigsten Sprechfehler bestehen in Verschiebungen der Teile des Satzes, den man sprechen will; man sagt ein Wort, einen Laut, an unrechter Stelle, zu früh oder zu spät. Die Lautversetzungen sind nun oft Vertauschungen, d. h. der verdrängte Laut erscheint an Stelle dessen, der ihn verdrängt hat, und so auch beim

Worte. Oder das Wort, beziehungsweise der Laut erschei=
nen früher oder später neben oder an Stelle eines Wortes
bez. Lautes, bleiben aber an dem berechtigten Platze auch
(Anticipationen, Vorklänge — Postpositionen, Nachklänge).

Man bemerke, daß bei Vertauschungen ganzer Wörter
meist funktionsähnliche oder =gleiche ihre Stelle unter=
einander tauschen, und daß in dem Falle, daß funktions=
ungleiche Wörter vertauscht werden, sie meistens ihren Funk=
tionscharakter (Ableitungssilben, Endungen) wechseln.

1) Vertauschungen von Worten.   Häufig ist das Ver=
tauschen der Kompositionsglieder.

„Wertlaut" für „Lautwert" (Heberdey). —

„Mastrostochsbraten" für „Mastochsrostbraten". —

„Gegengeisteswart" für „Geistesgegenwart" (Mu.) —

Sehr geeignet zum Versetzen der einzelnen Teile sind
künstliche Wörter wie „Alpenkräutermagenbitter" u. dgl.

„Zwecktischer Prak" für „praktischer Zweck" (May.
ref.) —

Ein Professor sagte während einer Vorlesung immer
„Malarium plasmodiae" für „Plasmodium malariae",
ein lehrreicher Fall (May. ref.) —

„Herr Gott! Geht das Locher ins Lud" für „. . . .
Luder ins Loch" sagte Heb. beim Billardspiel. —

„Die Milo von Venus" (Bühler dix. Feo. ref.) —

„Der Pulverfunke fiel ins Feuerfaß" (Heb. ref.) —

„Der Pfarringer Fellhof" für „der Fellinger Pfarr=
hof" (May. ref.) —

„Mir ekelt vor allem langen Wissen" statt „. . . . . lange vor allem Wissen" (Me.). —

Ich begann „Bibliotheks .." und wollte fortfahren „. . Seminar" für „Seminar-Bibliothekar." —

Die Schauspielerin Wo. sagte als Sappho: „berühret sein Erfüllen" für „erfüllet sein Berühren". —

„Der enthirnte Großhund" sagte ein Dr. med. abends in Gesellschaft (May. ref.). Er wollte offenbar sagen: „Der entgroßhirnte Hund" und stolperte bei dem ungewöhnlichen Worte. —

„Verteidigung ist die Spiele des Seels" (Prof. Exn.) für „die Seele des Spiels" —

„Eine Schichtdu . . . Dunstschichte" (Me.). Ich wollte sagen „Eine Schichtdunste" —

„Eine genütze Abringungsgebühr" für „geringe Abnützungsgebühr" (Fr. H.). —

„. . Da plötzlich stürzt aus einem Haus mit fliegenden Weibern ein Haar heraus", deklamierte ein Gymnasiast. (Detter ref.)

„Ich finde auf einer Worte drei, vier Seiten" für „. . . Seite . . . Worte" (May. ref.). —

„Da steht der Einsatz nicht für den Gewinn" (v. Lic.). Antithetische Wörter werden besonders leicht vertauscht. —

„Wo ist die Welt, die eine Brust in sich erschuf" sagte Schauspieler Hall. als Erdgeist im Faust (May. ref.) —

„Das Thürl vor die Bank setzen" (Pribram). —

„Mit auf den Händen gebundenen Rücken". (Heber-
den ref.)

„Jammer .. Katzenjammer" sagt Adler. Befragt erklärt er, er habe eigentlich „Jammerkatze" sagen wollen.
Wenn das richtig ist, dann Beeinflussung durch „Katze",
denn Vertauschung hätte nur „Jammenkatzer" oder Jammer-
katzen ergeben. —

„Du leichst dir merk seinen Namen" (Mn. siehe oben)
für „Du merkst dir leicht . . ." Aus „merkst" ist ein
neues Adverbium „merk" geworden, aus „leicht" ein flek-
tiertes Verbum „leichst". Die Neubildungen behalten den
grammatischen Platz bei. —

„so werde ich heute ins Nachtmahl gasthaus .. ins
Gasthaus nachtmahlen gehn". Leider bemerkte Mn. den
Fehler. Unkorrigiert wär er wohl so ausgefallen: „ins
Nachtmahl gasthausen." —

Ich habe mehrmals citiert:

„Lieber durch Freuden möcht' ich mich schlagen,
Als so viel Leiden des Lebens ertragen!" —

„Der Bubi ihr Polderl" für „der Poldi ihr Buberl"
(Rud. Much ref.). —

Kußmaul erzählt von einem Professor, der einem
Schüler den Besuch „seiner ausgezeichneten Vorlesungen
über Chemie mit anorganischem Fleiße" bescheinigte. Ein
komplizierter Fall ist der andere von Kußmaul erwähnte.
Ein Redner wollte sagen „fröhliche Festfeier" und sagte
„festliche Freßfeier". Das erklärt sich so: Er stellte erst

bloß um, wollte also „festliche Fr—(öh=Feier)" sagen. Als er bei Fr— war, merkte er die Entgleisung, das —e— erschien dann von dem wiedererwachten Fest—, aber von Fre— läuft die Bahn unweigerlich über „Freß—" ab, denn ein anderes mit fre— beginnendes Wort, das dem Klange und dem Sinne nach ähnlich wäre, d. h. der Situation entsprochen hätte, ist nicht im Gebrauche.

Am gewöhnlichsten sind die Vertauschungen der Ad= jektiva mit Adjektiven, Substantiva mit Substantiven, Verba mit Verben. Der Volkswitz benützt diese Vertauschungen, daß er bei Stotterern und Leuten, die sich leicht versprechen; in die Lehre gegangen, ist sicher.

Casperl sagt in den „Deutschen Puppenspielen" edd. Kralik und Winter: „Die Roß sind gschmiert, der Wagen is angschirrt" S. 130. — „Mehrere Eimer Bier abstechen, a paar Schweindln anzapfen", S. 256. — „Der Wein is auf= gsprungen, die Fässer sein herausgeronnen, S. 295. — Lanzelot bei Shakespeare, Kaufmann von Venedig, III. 5. sagt: „Der Tisch, Herr, soll aufgetragen werden, das Essen soll gedeckt werden."*) Lanzelot sagt ferner II. 2.: „Ihr könnt jeden Finger, den ich habe, mit meinen Rippen zählen"; besser wäre noch „mit Euren Rippen."**) — „Sie soll bedenken, daß wir zwar schlechte Leut' sind,

---

*) Lorenzo: „... go to thy fellows, bid them cover the table, serve in the meat, and we will come in to dinner."

Launcelot: „For the table, Sir, it shall be served in; for the meat, Sir, it shall be covered."

**) „you may tell every finger I have with my ribs."

daß man uns aber nix Armes nachsagen kann!" heißt es bei J. Nestroy, Gesammelte Werke, I. Bd. S. 10. —

Ein etwas starker, aber wie mich dünkt, noch immer nicht unmöglicher Fall einer Vertauschung bei Shakespeare, The Merry wives of Windsor I. 1. Slender: „All his suc-cessors, gone before him, hath don't: and all his ancestors, that come after him, may . . ."

2. Vertauschungen von Silben.

Obwohl Sprechfehler dieser Art selten sind, möchte ich glauben, daß auch hier nur ähnliche Silben (also nicht etwa Wurzelsilben und Endungen oder dgl.) miteinander vertauscht werden.

„Gebrecher verhirne" für „Verbrecher gehirne" (May. ref.). — „Musikatorisch-deklamatalisch" sagte nach Prof. Weidls Beobachtung eine Schauspielerin für „musikalisch-deklamatorisch", verwechselte also die Silben „—alisch" und „—torisch", behielt aber das t von „deklamatorisch" auch im Sprechfehler bei. Die Dame nahm Weidl das Wort ab, sie nicht zu nennen! —

3. Vertauschungen von Lauten.

a) Man vertauscht Vokale von nahezu gleicher Art der Betonung, also zwei hochbetonte oder einen hochbetonten und einen nebentonigen Vokal.

3. B. Ein Lehrer begabte die hl. Magdalena mit einer „Alabister-Bachse" (Alabaster-Büchse) Dr. Cartellieri ref.

„Reidflinsch" für „Rindfleisch" (Feo.) ist ein be-sonders interessanter Fall. — Aus einem „Paprikaschnitzl" wird ein „Piprikaschnatzl" (Anekd.). —

Ein Deklamator begann: „Wer wagt es, Rattersmann oder Knipp . . ." (Anekd.) —

Die beiden letzten Beispiele sind Anekdoten, aber mindestens gut erfunden. —

„A prapa, Popo!" für „A propos. Papa!" (Anekd.)

„Stutaten" für „Statuten" sagte ein Armenier aus Tiflis (Weidl ref.) — „So leicht wie man in Wohn Wienungen kriegt" für „in Wien Wohnungen kriegt" (F. H. dix. H. H. ref.) —

„hestirisch" für „histerisch" (May. ref.). —

„preblo . . problematisch" (Albrecht). —

„Aktoni . . Aktinomyces" (May. ref.). —

„Antimägrin" für „Antimigränin" (May. ref.). Der Sprecher, ein Arzt, wollte sagen „Antimägrinin", brach aber bei „Antimägrin" ab wegen der Aehnlichkeit des neuen Wortes mit Bildungen wie Antipyrin u. dgl. —

Mayer wollte für dialekt. „Bodwaschl" „Badwoischl" sagen. —

„Die slavo . . slavokischen . . slovakischen Komitate" (Adl.). —

Gymnasial-Direktor J. Loos erzählt mir, er habe als junger Lehrer einmal eine längere Ermahnung an seine Schüler mit der Aufforderung geschlossen: „Binden Sie sich einen Knaten in die Nose" für „. . . Knoten in die Nase." — —

Leider ist mein Material hier recht dürftig. Das erklärt sich daraus, daß man meist korrigiert, bevor der verdrängte Vokal noch an seinen neuen Posten gelangt, so daß dann nur eine Antizipation vorliegt. Die Fremdwörter können uns den Mangel heimischen Materials nicht ersetzen, denn bei ihnen spielt leicht das Gesichtsbild des Wortes eine Rolle und dann liegen auch andere vokalische Verhältnisse vor.

b) Man vertauscht die anlautenden Konsonanten von Silben, welche nahezu gleiche Betonung haben. Konsonantengruppen gelten oft als Einheit.

„Täps und Schnäbak" (Cartellieri ref.). —

„Denile Seménz" für „Senile Demenz" (May. ref.)

„Eine Sórte von Tächer" für „. Torte von Sacher" (Me.). —

Mayer liest still „Hähnenspörndörn", dann wiederholt er im Geiste das seltsame Wort, „verdenkt" sich aber dabei, denn er denkt „Spähnenhörndörn" (siehe unten bei dem stillen Versprechen). —

„über Wänd und Lässer" für „Land und Wasser" (Lewinsky dix., Dr. Wilhelm ref.). —

„Die Freuer=Breudsche Methode" f. „Breuer=Freudsche" (May. ref.) —

„Nomat" für „Monat" (Mu). —

„Hénela" für „Hélena" (Mayer). —

„Kremser Aenchen" für „Emser Kränchen" (kl. Mädchen dix., May. ref.) —

„Bärakäcek" für „Karabácek" sagte Fr. Müller, ohne etwas zu merken. —

„Schreitschtrifterl" für „Streitschrifterl" (Me). —

Zweifelhaftes ist mir selten begegnet. Forster sagte

„Kuzerl" für „Zuckerl" und schob dem rüttelnden Wagen die Schuld zu. Doch das war ein Witz.

Eine Menge Anekdoten gehören hierher.

Das „Piprikaschnätzl" wird weiter zu einem „Schniprikapätzl." —

„O du Saukramer" für „. . Grausamer" (Fliegende Blätter Bd. 99 S. 27. —

Aus „Hummersauce" macht der Witz „Summerhose". —

An der Wiener Medizin. Fak. erzählt man, daß ein Professor „Eischeißweibchen" statt „Einweißscheibchen" gesagt habe.

Ich will bei dem Fall: „O du Saukramer" verweilen, weil ich dabei ein für allemal eine Bemerkung machen kann, die notwendig ist, sollen nicht ungerechtfertigte Bedenken aufkommen. Natürlich sollte man erwarten: „O du Saugramer", und so kann auch gesprochen worden sein, voraus gesetzt, der Fall hat sich wirklich zugetragen. Für die süddeutschen Dialekte ist die Sache gleich, den „Kramer" und „graben" haben fast denselben Guttural. Hat der Fall sich wirklich ereignet, dann ist er eben dialektisch, wie der mangelnde Umlaut von „Krämer" zeigt. Auch später, wenn ich aus der medizinischen Litteratur zitiere, muß man das Wort nicht so nehmen, wie es die Mediziner oft aufschreiben, sondern man muß sich immer das Klangbild in Erinnerung rufen.

Der Wortanlaut scheint gleichwertig mit dem Anlaute der Wurzelsilbe zu sein.

„Gebä . . Begabung" sagte Mayer. — Denselben

Fehler berichtet Detter: „Hat der alte Hexenmeister sich doch einmal fórtgebében". —

„Sie verzahlen" für „. zerfallen" sagte ein Kind (May. ref.). Die Länge des a erklärt sich aus Mitklingen von „zahlen". —

„begreiflich" für „gebräuchlich" (May. ref.). Es war wohl „begräuchlich" beabsichtigt, aber bei „begrei .." (mit ei dial. für äu) erfolgt Entgleisung in das häufige Wort „begreiflich". —

Bei Fremdwörtern kann man Abweichungen bemerken, insofern als (ähnlich wie bei „Monat" — „Nomat") alle vollen Vokale und alle Konsonanten, welche solche Vokale enthaltende Silben beginnen, mit einander tauschen können.

„Jakuba" für „Jabuka" (Reg.=R.); aber hier kann auch „Jakob", „Hekuba" u. a. hereinspielen. —

„Renumeration" hört man oft für „Remuneration". Ist des Anklangs an „Nummer", pränummerieren" 2c. verdächtig. —

„Konolial" für „Kolonial" (Dr. Burchardi ref.). Glaublich.

„Farilari" für „Larifari" (v. Stscherb.). Ganz in Ordnung, weil mit zwei Accenten gesprochen.

„Partipicialsatz" sagte ein Mädchen mehrmals. —

Aus fremden Sprachen berichtet Mu., er habe statt böhm. „po dešti" (nach dem Regen) „do Pešti" (nach Pest) gesagt. Ein anderer Herr sagte slovenisch „nosih bog" für „bosih nog" („bloßfüßig"). —

c) Man verwechselt die Auslaute verschiedener aber ähnlich betonter Silben.

Als der früher erwähnte Lehrer des Unheils mit der Alabaster-Büchse gewahr wurde, machte er eine „Alabachser Biste" daraus, vertauschte also jetzt die Auslaute der hochtonigen und die Anlaute der Endsilben. — „Postkustkatschen" statt „Postkutschkasten". —

„Steinbeiß" für „Steißbein" (Abl.). —

„Schimmelsenkel" für „Schinkensemmel" (May. ref.). Man sollte in dem Falle erwarten „Schimmensenkel"; Beeinflussung durch „Schimmel"! —

„Einen Zuck Huter" für „einen Hut Zucker" (gesprochen Zuk-ker, May. ref.). Anlaute und auch Auslaute vertauscht. —

„Berührt auf einem Urtum" (Röll. ref.) für „beruht auf einem Irrtum". Zu erwarten: „Berirrt auf einem Uhtum". „Berirrt wird durch geläufiges „berührt" substituiert, „Uhtum" nach „Irrtum" mangelhaft korrigiert zu „Urtum". —

„Ich verganz gaß" für „ich vergaß ganz" (stud. phil. Pesta ref.). —

„Unterhaut-Misglied .. Unterhaut-Mitglied .. Unterhaus-Mitglied" (Abl.). Auch der Sprecher merkte den Mißgriff, aus dem er nur schwer ins rechte Geleise kam. Prof. Bogdan aus Bukarest war außer mir anwesend und ist Zeuge. —

Ein anderes interessantes Beispiel. Reg.-R. erzählt von einem Offizier: „. . . wenn er gerissen ist auf der Rottinante . . ." für „. . . geritten . . Rossinante . . ."

Sprecher hatte den Fehler bei „geritten" bemerkt, leugnete aber die „Rottinante". Glücklicherweise bestätigte Dr. Kramař, der neben ihm saß, meine Beobachtung. Der Fall ist deswegen interessant, weil er zeigt — Mayer hatte mich schon einmal darauf aufmerksam gemacht — wie das Korrekturbedürfnis neue Fehler schafft. R.-R. hatte den Fehler bemerkt, korrigierte aber an ganz falscher Stelle, so daß anscheinend eine Vertauschung entsteht. Wie weit der hier geschilderte Vorgang mit dem bei Vertauschungen überhaupt vorkommenden zusammenhängt, entzieht sich meiner Erkenntnis.

Für fast alle diese Erscheinungen habe ich im Laufe der Jahre viele Belege gehört. Dagegen kann ich mich nicht erinnern, daß man Vokale betonter und unbetonter Silben verwechselt (also etwa „hendla" für „handle"), daß man An- und Auslaut desselben Wortes verwechselt (also etwa „tug" für „gut") u. dgl.*).

Es ist bekannt, welche komischen Wortverdrehungen durch die eben bestimmten Sprechfehler oft zustande kommen. Alle Witzblätter und alle volkstümlichen poetischen und prosaischen Erzeugnisse sind eine Fundgrube solcher Fälle. Daß man solche Wortverdrehungen sofort als etwas Verständliches hinnimmt, beweist, wie allgemein solche Sprechfehler

---

*) Aehnliche Erscheinungen werden unten mehrfach zur Sprache kommen. Hier spielen aber immer Komplikationen herein. So wird „Fisch" und „Schiff" durch die Bedeutungsähnlichkeit assoziiert. Ich suchte einmal nach dem Namen „Mattosch" und sagte „Maschott". Das ist eine Art Lesefehler des Gesichtsbildes des gedruckten Wortes.

im Leben sind und wie die Erfahrung des einzelnen ge=
nügt, um sie als etwas Natürliches anzuerkennen. Bekannt
ist, daß es Schauspieler giebt, die mit Vorliebe sich dieses
Mittels bedienen, um komische Wirkungen hervorzurufen.
Vielleicht sind es Individuen, die von vornherein Anlage
zum Silbenstolpern haben.

Im allgemeinen, möchte ich sagen, verwechselt man
nur gleichwertige Laute, gleich (oder ungefähr gleich)
betonte Vokale, Konsonanten, welche ähnlich betonte Silben
beginnen oder sie schließen.

Woher kommt es nun, daß die Stellung in der Silbe
verschiedenen Wert der Laute bedingt? Ich glaube, man
muß davon ausgehn, daß der Sonant der Silbe die größte
Schallfülle und gewöhnlich auch den größten Respirations=
druck hat. Sievers Phonet.³ S. 181. Der diesem So=
nanten vorausgehende Konsonant wird also crescendo ge=
sprochen, d. h. er partizipiert schon zu einem Teile an
dem Respirationsdruck des folgenden Sonanten. Sein Vor=
stellungsinhalt ist also viel reicher als der eines decrescendo
gesprochenen Schlußkonsonanten der Silbe. — „Geba(bung)“
für „Begabung“ erklärt sich daraus, daß der anlautende
Konsonant für den Sprechenden hochwertig ist, worüber
unten gehandelt wird.

Kompliziertere Gebilde von Fehlern entstehen, wenn
psychische Faktoren höherer Art sich einmischen. Einige
typische Fälle werden genügen.

Mu. wollte sagen „eine päpstliche Encyklika“, sagte
aber „eine päpstliche Enklitika“. Ich glaube, er wollte

zuerst mit Unterdrückung der zweiten Silbe (f. unten) „En-klika" sagen, oder etwa „Enklycika", mit Anticipation des l. Als er aber schon bei „Enkli—" war, rollte bei ihm als Grammatiker (der selbst über die Encliticae im Slovenischen geschrieben) der Gedankengang ohneweiters über die ausgefahrene Bahn ab. Ganz ähnlich verhält es sich mit der „festlichen Freßfeier", wie oben dargelegt worden ist.

Interesse heischen die grammatischen Vertau = schungen.

Ich rede davon dort, wo bloß die grammatische Form umspringt, dagegen die Wörter (d. h. Wurzeln, Stämme u. dgl.) bleiben.

R. Heinzel hat mich aufmerksam gemacht auf pfälzisch: „hat mer gschowe helfe" für „schieben geholfen", ohne daß er sich aber des Citats entsinnen konnte. Ferner verweist er mich auf Wunderlich, Umgangssprache 218: „schieb mer mol helfe". „'s werd anfange kalt" = „hilf mir mal schieben"; „es fängt an kalt zu werden."

Bei großer Vertrautheit zweier Menschen wird oft „mich dir" für „mir dich" und umgekehrt gesagt, was wohl schon viele bemerkt haben werden. Die richtige Kon = struktion macht oft bedeutende Schwierigkeiten, so daß man glaubt, sich schämen zu müssen.

Anderer Fall. Eine gewandte Dame sagte zu mir: „ . . stellte mich ihm . . ah! mir ihn vor."

„Ein Bettler, der ihm geöffnet hat . . ah! dem er geöffnet hat" (Me.). —

Schemata für die Vertauschungen.

Vorerst für die Vertauschungen von Wörtern und Silben. SS ist immer die Schwelle des Bewußtseins. Das zu sprechen Beabsichtigte steht unterhalb der wagrechten Linie in gotischer Schrift, das wirklich Gesprochene oberhalb desselben in lateinischer Schrift.

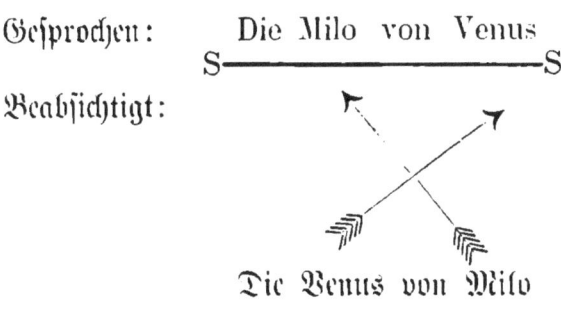

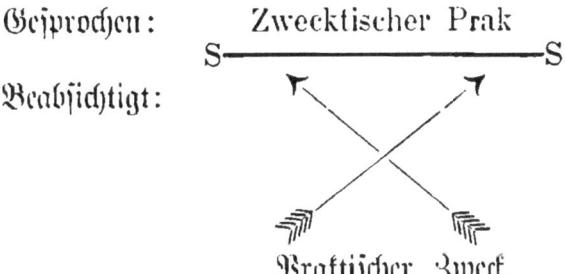

Von Lauten.

Nehmen wir an, ich will sagen: „Etwas ist faul im Staate Dänemarks" und habe bereits die ersten zwei

Worte gesagt. Die von da ab möglichen Vertauschungen
zeigt das Schema:*)

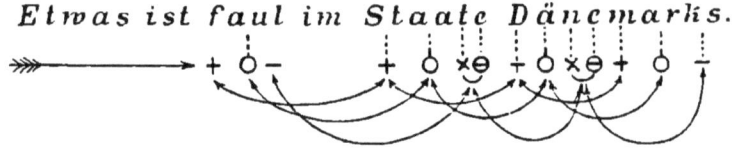

Das heißt, alle mit gleichem Zeichen versehenen Laute
und Lautgruppen können unter einander vertauscht werden
im Sinne der Pfeile. Hinter den einzelnen Lauten des
Satzes stehen die gleichbezeichneten und können sich jeder=
zeit für ihn ins Bewußtsein drängen. In dem Schema
lasse ich nur die näheren Laute den Platz tauschen. Es
könnten aber auch ſ von ſaul und D von Dänemark ꝛc.
wechseln.

B. Vorklänge oder Anticipationen.

Die Vorklänge oder Anticipationen sind zweierlei Art.
Ein späterer Satz= oder Wortteil verdrängt einen frühe=
ren oder stellt sich ihm an die Seite.

1. Vorklänge oder Anticipationen von Wör=
tern und von Silben.

Dazu sei bemerkt, daß anticipierte Wörter die Form
des verdrängten Wortes annehmen.

---

*) ⊥ bedeutet den Anlaut der höchst betonten Silben und den
Wortanlaut.

╳ bedeutet den Anlaut aller andern Silben.

● ist der Vokal oder Diphthong der hochbetonten Silben.

— bedeutet den Silbenauslaut der betonten Silben.

Θ ist der Auslaut unbetonter Silben.

Ich verzeichne hier auch jene Fälle, wo man einen Wortteil mit einem anderen, anticipierten Wortteil ver= schmelzt. Man contaminiert nur sich ergänzende Wort= teile, also Wurzelsilben und Endungen, nicht etwa Wurzel= silben und Wurzelsilben, Endungen und Endungen, d. h. man macht nicht aus zwei Wurzelsilben oder zwei Endungen ein Wort, wohl aber kommt es vor, daß man aus zwei gleichen Teilen einen neuen macht, wie das folgende Bei= spiel zeigt.

„Strang . . Sturm und Drang" (Leop. Stern). —

Im allgemeinen kann man auch sagen, daß die An= ticipation um so leichter erfolgt, je ähnlicher das anti= cipierte mit dem zu sprechenden ist.

„Kunstgeschlossene . . kunstgerecht geschlossene Ab= wehr" (Hofrat O. Benndorf). —

„Ungehallt verhallen . . ungehört verhallen" (Ge= heim=R. H. Waldeyer-Berlin in einer Rede zu Wien am 12. Februar 1895). —

„Selbstätig denkend" für „selbständig thätig, denkend" (Dr. Pretthofer). —

„Stoff zu geben zu allerlei Bemerkungen" für „Stoff gegeben . . ." (Mn.). —

„Patient zählt auf fünf Finger . ." für „. . . auf fünf Fuß Finger" (May. ref.). —

„Ich werde nun zur Abschreitung der Anträge schrei= ten" für „. . . Abstimmung . ." sagte Prof. von Escherich, und korrigierte erst nach mehrmaliger Wiederholung. —

„Mein Stell . . mein Chef stellt ihn auch vor" (May). —

„Christ und Christentum" für „Kreuz und Christentum" (Karabacek). —

„Einen Glück . ., einen Klub der Unglücklichen" (Ramb). —

„Ich gebe mir keinen Witz mehr über die Witze nachzudenken" für „. . . keine Mühe mehr . ." (Me.). —

„Dem ärmsten Erzbewohnz . . ., Erzgebirgsbewohner" (Adl.); der Fall zeigt zugleich Nachklang des z. —

„Auf Wilhelm!" sagte ich zu Dr. Wilhelm, statt „Auf Wiedersehen!" Ich hatte nicht vor, den Namen zu gebrauchen, er lag aber natürlich im Bewußtsein.

„Ohrenschwindel . . . Ohrensausen, Erbrechen, Schwindel," sagte L. v. Frankl (May. ref.), nahm also „Schwindel" voraus. —

„Und dort hat sie sich gegen den Willen ihrer Ehe . . . ihrer Mutter verehelicht." (Reg.=R.) —

„Sein großer Vater . . . Großvater" (Mu.). —

„. . . zuwissen . . . anzufangen gewußt" (Me.). —

„Es ist bloß eine Funktion der Geschnelligkeit . . . Schnelligkeit, dieses Gefühl" (Me.). —

„Preß--Par . . . Departement" (Mu.) —

„Einen auf . . . einfachen Aufschnitt (Bon.). —*)

„. . . in eine Kontraktion verwechseln kann, so

---

*) Gleich darauf sagte Bon. „. . . einen einfachen Einschnitt" für „. . . Aufschnitt" also Nachklang.

daß die Sache zum Verwechseln ähnlich ist" für „ . . . in eine Kontraktion bringen kann . . ." (May. ref.). —

„ . . . den spätrigen . . . späteren Beobachtern übrig blieb" (May. ref.). —

„Er hat mir dann die Zeitungen geschrieben . . . geschickt und schrieb mir." (Reg.=R.).

„Omnia meca . . . mea mecum porto" (Dr. Lat.) Auch hier hat das antizipierte Wort die Form des ver=drängten angenommen. —

„Ich habe in der Einleitung geschrieben" (Frhr. v. Hohenbruck.). Nicht korrigiert. Gemeint war aber „ . . . in der Einleitung gelesen." Sprecher gebrauchte gleich darauf das Wort „schreiben" (Prof Weidl und Me. beobachtet). —

„Fünftausend Ein Gulden . . . Gulden Einkommen" (Mu.) —

„Wenn's nicht bald aufregnet zu regnen" (Dr. v. Bönicke). Nicht korrigiert, für „aufhört zu regnen". —

„Daß spätere Anträge . . . Vorträge angemeldet werden" (Hoffm.). —

„wenn ich wort . . . wüßte, woher das Wort kommt" (Me.). —

„Die Uebertreibungen . . die Anforderungen sind übertrieben" (Me.). —

„Fertig wollen" für „fertig werden wollen". —

„Die Sympather . . die Japaner sind mir viel sym=pathischer" (Mayer.). —

„Daß er vor zehn Reden .. zehn Jahren die Rede hätte halten sollen" (Mu.). —

„ ...: ich werde Dir den Steuerbogen zahlen .. zeigen, was ich zahle" (Bunzl.).

„Geben Sie mir die Vari .. die Vie parisienne" (Me.). —

„ . . . meiner Unter .. Oberleitung unterstellt" (Dir. Poestion).

„Er verkriecht sich in den Tiger .. in den Käfig des Tigers" (Albrecht).

„Wenn ich in der Nacht aufschlaf .. aufwach, hindert es mich am Einschlafen" (May. ref.). —

„Die Japaner, die erfolgen ja .. die erringen ja Erfolge" (May ref.). —

„Die türkische .. die Pariser Küche scheint schlechter zu sein als die türkische" (E. Bormann). —

„als distinguenter .. **distinguirter Frémder**". Mu. Eigentlich müßte Mu. „distinguender" gesagt haben. Korrigiert nach anderen Fremdworten von der Form lateinischer Participia Praesentis. —

„Sie haben ja keine Ansicht .. Ahnung, ich habe ja selbst gesehn". Me. Der Fall ist lehrreich. Ich anticipierte von „gesehn" die Verbalwurzel und bildete für „Ahnung" ein hier ganz unpassendes „Ansicht". —

„ . . . eine Grundlage **baut**, auf welcher sie weiter **bauen ... braucht,** auf welcher sie weiter bauen kann" (Custos Heger im Vortrag). —

„ . . . muß in die Handnehmung . . . nehmen, weil die Behandlung . ." (Me.). —

„ . . . Seinskrit . . sein Sanskrit" (Mu.). —

„ . . . er ist jenger . . jener junge Gelehrte" (Me.). —

„Das ist integranter . ." begann E. v. Lieben, wollte aber sagen „Das ist interessanter als die Integralrech= nung." —

„Was heuten Sie . . was sollten Sie heute Abend?" (D. Broch). —

„ . . . und die gru . . gedruckte Dissertation" (Hof= rat Jagić dix. Broch ref.). —

„ . . . merkwenig . . merkwürdig wenig" (May. ref.) —

„ . . . ein achter . . alter Achtundvierziger" (Grill= mayer). —

„Die tetanisch gesteigerte Erregbarkeit . . die mecha= nisch gesteigerte Erregbarkeit bei Tetanie" (May. ref.). —

„Vormittragen" . . für „Vormittag vortragen" (May. ref.). —

„Das Gehält" . . für „das Geld behält" (May. ref.). —

„Eprouweihen" . . für „Eprouwetteureihen" (Dr. Lim= böck. May. ref.). —

Ich wollte sagen: „um die Schrift bitten" und sagte: „um die Schriften," hatte aber das klare Gefühl, alles gesagt zu haben, was ich sagen wollte. Hier hat das t die Contamination erleichtert. —

Ich wollte sagen „einen Schinken dämpfen", und sagte „einen schimpfen„; ich wollte sagen „wie ich zu sagen Ge= legenheit hatte," und sagte „wie ich zu sagenheit hatte." —

„Wenn du noch längerst" für „. . länger zögerst" (Bu.). —

„Münschen" für „Münzen fälschen" (Heb.). —

Gehört habe ich noch: „Neue Fresse" für „Neue freie Presse" (Mu.). —

In der Wiener Zeitung vom 17/5, 94 stand im Feuilleton „Bunterlei" für „Buntes Allerlei". —

„Bei aufgehobenement" für bei „aufgehobenem Abonnement" (stud. phil. Röllig ref.). —

„Ich habe Jemand gefahren" für „. . fahren gesehn" (Hom. ref.). —

„Allerleute" für „Allerlei Leute". —

„Tief ab . . . gehende Abneigung" (Me.). —

2. Anticipationen von Lauten (desselben Wortes oder eines späteren Wortes). Die anticipierten Laute kommen an eine gleichwertige Stelle.

„Mulkkuh" für „Melkkuh" (Mu.). —

„Tädt . . . Tadt . . . Todtschläger" (Mu.). —

„. . best-" begann Mu., wollte aber „bewerkstelligen" sagen. —

„. . . paufassen" für „aufpassen" sagte Dr. Lo. (May. ref.). —

Mu. sagte: „. . . hat die Rö Rö . . . . die Knöpfe genäht." In dem „Rö Rö" steckt also der Anlaut der Wurzelsilbe von „genäht" mit dem Wurzelvokal von „Knöpfe"; ein etwas komplizierter, aber klarer Fall. —

„Als ich nach Haus gekamen bin, bin ich gegangen"

für „.. gekommen" (Me.). Das „a" lang nach) „kam",
„kamen", der Perfektform. —

„Geruchseindrücke" für „.. Geruchseindrücke". —

„Dop ... Diplomatenloge" (Bon.). —

„Ueberschieher" für „Ueberzieher verschenkt wird"
(Bon.). —

„Zwei Cromeschnitten und ein Brot" für „.. Creme-
schnitten .." —

„In der Not fließt ..." für „In der Not frißt der
Teufel Fliegen." (Der Anlaut von „Fliegen" also an-
ticipiert bei „frißt", obwohl das eine Verbum, das andere
Nomen ist.) —

„Nach Minnsbruck" für „nach Innsbruck aus München bestellt" (Heb.). —

„Welches Roß es sich fre ... fra ... gefallen lassen
wird." Erklärt sich daraus, daß der Sprecher (Mu.)
gleich darauf das Wort „fromm" gebrauchte. —

„Minnster für Kultus und Unterricht" für „Minister ..." —

„Blennorrhoea netonatorum" für „Bl. neonatorum"
(hier „t" vorgeklungen. Beachte, daß „t" wieder Silben-
anlaut wird.). —

„Ich werde auf das ei ... auf das Kreuz verei-
digt" (Me.). Unkorrigiert hätte der Fehler so ausgefallen können: „Ich werde auf das Eiz verkreudigt." —

„Das Papier käm' dem Thaat .. Staat theuer zu
stehen" (Me.). —

„ . . . daß der ganze Za . . . Saal gezittert hat"
(Me.). —

„ . . . war ja die Diagro . . . Diagnose richtig"
(Me.). —

„Van . . . Vondrak" (Me.). —

„Es war mir auf der Schwest . . . auf der Brust
so schwer" (May. ref.). —

„ . . . mit Maull . . . mit Wall und Mauern" (Ka=
rabacek). —

„ . . . entstund" für „entstanden und . ." Mu. sagte
das „und" mit Accent und gedehnt. —

„Ein Achtel g'sprinzt!" (Mu.) für „ . . . gespritzt,
geschwind!" —

„Es ist kein Mensch dirten . . dorten (Feo.). Auf
seinen Fehler aufmerksam gemacht, weiß Feo. ganz genau,
daß er an „dorten" und „drinnen" gedacht habe. —

„ . . . kommt zu mir ein Bä . . na! Briefträger"
(Mu.). —

„Intit . . Institute" (Escherich). —

„Phol . . . Philosophie". —

„Wenn ein Schweinscarro . . carre noch da ist"
(Heb.). —

„Bei meinem Vorsatz, dä" für „Vorsitz, dä" (May.
ref.). —

„Granatpflaster" für „Granitpflaster" (Detter). —

„Geschiehene Eheleute" für „geschiedene . ." (He=
berden). —

„Sa . . Seminar" (Me.). —

„ . . . des heiligen römischen Reitsches deutscher Nation" für „ . . . Reiches" (Heb.).

„Südwost ist auch kein guter Wind" (Heb.). —

„Lokuskapitäl" für „Lotuskapitäl" (Dr. Bloch ref.). —

„ . . . rauter reiche Leute" für „lauter reiche Leute" (Abl.) —

„Kellner, geben Sie mir ein französisches Flast . . . Saftfleisch" (Reg.=R.) Das fl stammt von „Fleisch", st ist unklarer Herkunft. Ich konnte nicht fragen, woran der Sprecher gleichzeitig gedacht hat. —

Du kannst ihn sehr lein . . . sehr leicht rein machen" (Me.). Der Auslaut — n für — cht eingetreten. —

Griebes . . Liebesgram. Me. Ich glaube, ich wollte sagen „Griebeslam". —

„ . . . wenn das Wesser . . Wetter wieder besser ist" (Me.) —

„ . . . so froh gekommen" für „so früh . ." (Me.) —

„hoch ofen . . oben auf den Bergen" (Me; abends, müde.) —

„großes Interbresse dran" (Me.). —

„dem Sü . . Sieger von Olympia (Me.). —

„weise . . weiße Mäuse" (Me.). —

„Lateinisches . . Lateinisches Lehnwort" (Me.). —

„Späzer schmutzig weiß" (8jähriges Mädchen. May. ref.) für „später . . . " —

Zweißt! Ich habe Wäsche dazwischen gestopft" für „Weißt . . " (Me.). —

„es könnte auch das Glatz . . Glas platzen (Vondr). —

„Naßlaß" für „Nachlaß" (Mu.). —

„ich) befem . . begegn' wieder einem Bekannten" (Vondr). Schwerer Fall; die gebrauchten Laute sind her= vorgehoben. —

„Kopfschweh . . Kopfweh und **Schwindel**" (May. ref.). —

„Daß er nicht auf derselben Leite . . Seite liegen kann" (May. ref.). —

„Das große Gespet . . Gebet zu sprechen (Mu.). —

„Die Trockenh**aut** der Schleimhäute" (May. ref.), ein sehr interessanter Fall; für das einsilbige — „heit" — tritt der Singular des zu sprechen beabsichtigten — „häute" — ein. —

„wir sind steuerfrau . . frei **auch** nach) . . " (Kra= mař). —

„paster noster" (May. ref.). —

„Hofrafft . . Hofrat Krafft=Ebing" (May. ref.). —

„ist in die Schule gelangen . . gegangen in Laibach)" (Mu.). —

„über binecul**äres** . . binoculäres Sehen" (May. ref.). —

„traumatische Rifchquetschwunde" für „ . . . Riß= quetschwunde" (May. ref.). —

„Alle Aphasen des Affektes" für „ . . . Phasen . . " sagte Mayer ohne den Fehler zu merken. —

„Freud**er**" für „Freud" sagte ein Herr, weil er gleich darauf „Breu**er**" sagte. „Freud" und „Breuer" sind bekannte Wiener Aerzte. —

„Mark . . Merkmale" (Mu.). —

„Ich wollte Sie schon stockbrieflich verfolgen lassen" für „ . . . steckbrieflich . . " (May. ref.). Antic. und Nach=klang wie oft. —

„Meine Erpfahrungen zu Pferd" sagte Mu., ohne zu korrigieren. —

„Gespielereien gekauft" (Me.) für „Spielereien". —

„Gnockensignal" für „Glockensignal" (Me.). —

„Reischepauschale" (Heb.). —

„ . . . ein Weg, den eine Kalonne . . Kolonne nicht passieren kann" (Me.). —

„Mit im Spüle sein müssen" (May. ref.). —

„Neue preie . . freie Presse" (Me.). —

„Viel Poesie giebt es noch im Lö . . im Leben dieser Völker" (Mu.). —

„Der Sprecher weiß . . weiß meistens" (Me.). —

„forst . . fort . . fortwurst . . fortwurschteln" stolperte Adl. Er hatte zuerst das Gesichtsbild „fortwursteln" im Sinne, daher das erste „forst . ."; dann kommt er bis zu „fortwurst" mit st, das er aber als unwienerisch erkennt und berichtigt. —

„einem Ausschuts hat's (sic!) man gegeben" sagte ich mit Anticipierung des ts. Fehlerhafte momentane Stellung des es! —

„hervorgehaben . . gehoben haben" (Jagić). —

„Zimm . . Stimmzettel" (Karabacek). —

„Beda . . Bedenken getragen" (Penck). —

„zwölf sind fertsig, vier sind nicht zu haben" sagte
D. Broch für „ . . fertig . . " ohne zu korrigieren. —

„scho . . schnell" für „so schnell" (Broch). —

„Geschichte gesch . . Gedichte geschrieben" (Professor
Bogdan). —

„ . . . ein schämiges . . schäbiges Benehmen" (Me.). —

„ein Viertel Bier . . Vier bis . . " (Portier zu
May.). —

„Provat . . Privatdozént" (Mu.). —

„Regierungsme . . maßregeln" (Me.). —

„ . . im ganzen Gebilt der Schneealpe" für „ . . Ge=
biet". Dr. Kramař; bemerkt, aber nicht korrigiert. —

„Gipsttropfen" für „Gifttropfen" (Dr. Haberl. in
einem Vortrage. Nicht korrigiert.)

„ . . augentlich . . eigentlich auch . . " (Broch). —

„ . . nach den L . . Niederlanden geschickt" (Me.). —

„zu schein . . sein scheinen" (Heinzel). —

Ein interessanter Fall. „Aus dem Kraunlande"
(Me.). Da ein Nachklang von „aus" sehr unwahrschein=
lich ist, so denke ich bei dem zweiten **au** (Lautwert **ao**)
an Anticipation des **a** der folgenden Silbe und Stellung
des **a** vor das **o** von „Kronland". —

„Venia de . . docendi" (Prof. Karabacek). —

„Fatis . . Satisfaktion" (Me.). —

„unverdü . . verdientes Glück" (Me.). —

„Wehlrecht" für „Wahlrecht" (Detter). —

„hof . . hochaufgerichtete Heuschober" (Hofr. Benn=
dorf). —

„wie viel ir in der .. er in der That" (Hofr. Jagić Broch ref.). —

May. wollte sagen: „Der Vortrag ist mir stellen=weise zu conventionell" und begann „Der Stellwagen ..", dann Korrektur. Ich hebe durch den Druck die kontami=nierten Laute hervor.

„frümmer" für „früher immer" (Me.). —

„Denn **Dirmon**" recitierte ich aus Shakespeare statt: „Denn Dir, mein Damon, ist bekannt ... " —

Die Anticipationen sind die gewöhnlichen Fehler des energischen, lebhaften Sprechens.

Sehr interessant ist, daß man sogar gewisse Eigen=schaften von Lauten anticipieren kann, ohne diese selbst voraufzunehmen. So z. B. die Quantität der Vokale. Ich citiere hier auch die Fälle, wo gleiche Vokale vorliegen.

Ich sagte: „Zurē .. zurēchtgelēgt", anticipierte also die Länge des folgenden Vokals. Klarer ist folgender Fall. Jeder Recitator weiß, wie leicht man bei Versen, wie:

„O, wie still ist hier zu fühlen,

Was die Seele glücklich macht"

dazu kommt zu sagen:

„O. wie stiel (mit ī) ist .... "

d. h. wie leicht man die Länge des ü anticipiert. —

„Die Hundgrö .. Hundsgrötte von Neâpel" (Me.). —

„Zum Empfange der Gä ... Gäste in den Stadt=sälen" (Me.). —

„schlēcht überlēgt" (Me.). —

„Die dri .. dritte Acies (Me.). Ich wollte nach der
gewöhnlichen fehlerhaften Art acies mit langem a sprechen.—

„ ...Schüssel etwas Süßes . . " (E. Bormann). —

Anticipation der Qualität eines Kon=
sonanten.

„Diese Muse ist in Pier . . Bier getauft" (Me.).
Hier ist der tonlose Laut für den tönenden eingetreten. —

Grammatische Anticipationen. Diese sind
gar nicht selten.

Anticipation der Flexionssilbe. „Ein rechter
dummer Mensch" ist bei uns eine ganz gewöhnliche Aus=
drucksweise.

Anticipation des Modus.

„Ich erinnere mich, wie unsere Lehrer immer gesagt
hätten ... haben, es wäre ja sehr schön .. " (Me.). —

„Mit dem Publikum, das ich gehabt hätte .. habe,
hätte sich das machen lassen" (Me.). —

Anticipation des Numerus.

„In Sterzing sind zwei riesige Türme .. ist
ein Turm mit zwei riesigen Haken" (Me.). —

„ ... muß ein milderes Klima sind ... sein; in
Steiermark ist das unmöglich." (Me.). Hier also nach
„ist" für infinites „sein" ein „sind" eingetreten. —

Anticipation der Person des Verbums.

„Bis Sie gegessen hab, ist's drei" (Me.) „hab"
ist „haben" nach „ist" verändert. —

„Wie ich um die Ecke gekommen bist, weißt du?"
(Me.). —

„Ich bedaure nur, daß ich nicht dabei gestanden sind, ich hätte es i h n e n gewiß gesagt" (May. ref.). —

„Wie du dabei gewesen i s t, da hat e r . . " (Me.). —

„ . . . sobald es losgegangen b i n . . ist, w a r i ch . . " (Rud. Schneider). —

„Damit du, wenn jemand kommst . . kommt, nicht gehindert wirst (Me.). —

Anticipation des Genus.

„Es kommt ganz auf das Zimmer, für d e n e r (von Teppichen ist die Rede) gehört" (May. ref.). —

„ein anderer Datum als d e r erste März" (Me.). —

Schemata für die Vorklänge oder Anticipationen.

„Es war mir auf der Schwest . . auf der Brust so schwer."

Das Schema ist so wie bei den Vertauschungen.

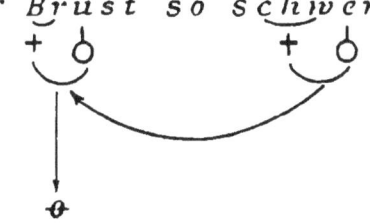

Resultat: „Es war mir auf der Schwest . ." d. h. „schwe —" verdrängt gleichwertiges „Bru —". —

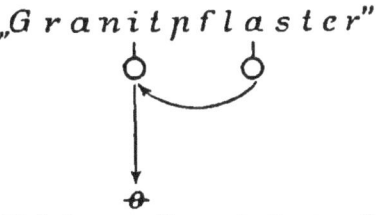

Resultat: „Granatpflaster."

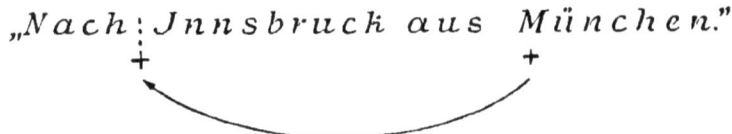

Refultat: „nach Minnsbruck". Hier alfo fällt nichts
aus, fondern der neue Anlaut ftellt fich neben den alten.

Das vollftändige Schema für die Anticipationen unten.

C. Nachklänge, Poftpofitionen.

Auch diefe find doppelter Art; entweder fie verdrängen
das Richtige, oder fie ftellen fich ihm zur Seite.

Intereffant ift, wie oft etwas eben gehörtes auf
das zu fprechen beabfichtigte einwirkt und es fogar ver=
drängt. Das Sprachcentrum und das mit ihm verbundene
Sprechcentrum können durch den Klang fo alteriert wer=
den, daß man ganz finnlos Wörter oder Laute nachfagt,
an Stelle von anderen, die man beabfichtigt hat. Die
häufigeren Nachklänge beziehen fich aber auf die eigene
Rede. Vgl. einige durch Nachklänge entftandene Con=
taminationen noch unter Contaminationen.

Auch hier kann man die Beobachtung machen, daß
Nachklänge um fo leichter wirkfam werden, je ähnlicher fie
dem zu Sprechenden find.

1. Von Wörtern und Silben.

„Sie follen fich den Kopf zerbrechen, weswegen
er zerbro... weggefchickt wurde. (Me.). Das ver=
drängte Wort (weggefchickt) hat dem verdrängenden (zer=
brochen) feine Form aufgezwungen. — „Was da alles

geleistet wird, was da alles erschienen wird"
(Heger). Nicht korrigiert; „erscheint" war beabsichtigt. —
„Ich bitte um Zündhölzer" sagte ich; darauf Hoffmann:
„Und mir um einen Wein"; er wollte sagen: „Und mir
einen Wein." —

„Er wünscht zu wünschen .. zu wissen" (Me.). Das
w erleichtert den Nachklang. —

Es ist von einer Familie Namens „Worms" die
Rede. Gleich darauf sage ich zu einem Freunde: „Du
Worms!" statt „Du Ernst!"

Ich sage: „Was soll man denn lesen?" „Ja, das
muß man überlesen" (statt „überlegen") antwortet
Tetter. —

Es ist von der „Physik" die Rede. Gleich darauf
sagt Mayer „Physik" statt „Geschichte".

Es ist von München die Rede. Darauf sagt Vondr.
„München" für „Innsbruck". Befragt, korrigiert er. —

„Das habe ich neulich gesehen, wie Sie gegehen
sind". Nachklang und Assimilation von „gegangen" **an**
„gehen" spielt mit. —

Es ist von Fastnachtsspielen die Rede. Mn. sagt
nun „in den Fasten, d. h. im Fasching . . ." —

Es ist von „Patienten" die Rede. Gleich darauf
sagt ein Arzt „Patienten" für „Studenten" (May. ref.) —

Es ist von der Heilkunde die Rede. Darauf sagt
ein Arzt „Warenheilkunde" für „Warenkunde". —

„Das Zeitwort ist gewissermaßen das Geist Gottes
über den Gewässern" (May.). —

„. . B i l d v o n s i c h b i l d" für „Bild von sich g i b t"
(May.). —

„Dann ist schon w i e d e r w i e d e r was los" (Me.). —

„Ich fordere Sie a u f, a u f das Wohl unseres Chefs
a u f zustoßen" für „ . . . anzustoßen" (May. und Lor.
ref.). —

Ein interessanter Fall. Ein Arzt auf der Klinik
sagt: „Führen Sie die Z u w ä c h s e herüber". Mayer ist
im selben Lokal und sagt, ohne an dem anderen Vor=
gange irgendwie teilzunehmen, zu seinem Diener: „Ich
möchte gerne, daß wir diese Z u w ä c h s e . . . T a f e l n
anders unterbringen." —

„Warum hat man Sie hereinge b r a c h t? Es ist
doch merkwürdig, daß man gesunde Leute ins Spital
b r a c h t . . b r i n g t!" (May. ref.). —

Es wird vom Auskultieren gesprochen. Y. fragt da=
rauf: „War der X. nicht A u s k u l t a n t an Ihrer Kli=
nik?" (für „Hospitant". May. ref.). —

Ich gebrauchte das Wort „Buchstaben". Gleich da=
rauf sagte May.: „Man merkt, das Totalbild des B u c h=
st a b e n ist gestört", wollte aber sagen „ . . des Wortes". —

D. Broch sagt: „1—92". Gleich darauf sagt er
„7—98" für „7—88". Von ihm selbst bemerkt und erklärt. —

Prof. Bogdan spricht von Odessa. D. Broch sagt
anknüpfend „Mod . . Moskau". Er erklärt „Modessa"
sagen gewollt zu haben. —

„. . um ihn zu pensionieren, muß erst eine Pens . .
eine Disciplinaruntersuchung eingeleitet werden" (Me.). —

„Ein Viertel kostet vierzehn, ein Achtel siebzehn . .
ah! sieben" (Me.). —

„Ich werd' ihm morgen's . . ich werd's ihm morgen"
(May.). —

„ . . . und in der Enthaltsamkeit ent . . erziehe"
(Me.). —

„ . . . am 28. Mai 1803 . . 1403" (Vondr. dir.
Broch ref.). —

Th. Bloch spricht von Caligula. Dann fährt er
fort: „Dann berichtet davon Caligula . . ah! Sveton gar nichts." Gleich darauf sagt er wieder „Caligula" statt „Sveton". —

„Es ist nicht erwiesen, daß erworbene Körperver-
änderungen sich erwerben . . . vererben (May.). —

„Einfacher ist die Eindruckweise" (Me.) für „ . .
„Ausdrucksweise". —

„ . . konkret und kontrakt" für „ . . abstrakt"
(Me.). —

„ . . hat ihm ein riesiges Vergnügen verbreitet"
für „ . . bereitet" Nachklang und Substitution. Das inten-
dierte „verreitet" wird durch bekanntes und geläufiges
„verbreitet" substituiert. —

v. Escherich spricht von einem „Gegenstande"
und bittet dann, alles zu vermeiden, was zur „Ver-
schärfung der Gegenstände" (statt „ . . Gegensätze")
beitragen könnte. —

„Weil er ein Tram . . . ein Pegasus ist" (Me.);
unmittelbar vorher war von der „Tramway" die Rede! —

„Russisch" für „Ruthenisch" sagt Professor Onciul, weil vorher von „Russisch" die Rede war. —

„Das war im 7. Jahre des Kaisers Phokas, im Jahre 607 . . 609 (R. Jireček dix. Broch ref.). —

„Enttäuschungen e n t l e b t . . e r l e b t" (Mu.). —

„Haben Sie denn nicht mit dem V e r l e g e r einen V e r l a g . . ah, einen V e r t r a g?" (Dr. Weinberger). —

2. Von Lauten.

„Stoß eines Erdbobens" für „ . . . Erdbebens" (Heb.). —

„Ei ja, der Jagdwirtetag" für „Gastwirtetag" (May. ref.). —

„Shakespeare wollte mit primitiven Affekten, implicite Effekten, das Publikum beeinflussen" (May.). —

„Ich werde eine Flasche Rotwein dem Dr. Merlinger bringen" (Adl.). —

„Eine schlechte Melkkuhe" sagte unter allgemeiner Heiterkeit Adl.

„Mein Name, mein Stamme" sagt Faust, Deutsche Puppenspiele, Kralik und Winter, S. 166.

Geschichte von Geschiehung und Unterricht" für „Geschicht von Erziehung und Unterricht" (Heb.). —

„Der Prager Streit mit den Streißtafeln" für „ . . Straßentafeln" (Feo.). —

„Empfohlung" gebrauchte Von. in einem Satze, der die Antwort bildete auf eine Aeußerung, in welcher der Sprecher „empfohlen" verwendet hatte. —

„Dem ärmsten Erzbewohnz ... Erzgebirgsbewohner" (Abl.). —

„Zweitens weiß der Weichselbeim" für „. . Weichselbaum" (May. ref.). —

„Sozialistische Zekten" für „. . Sekten" (Mu.). —

„Vierzehn Tag oder drei Wachen .. Wochen" sagte Dr. Rieß. Er und noch zwei anwesende Herren bestritten meine Beobachtung. Die Sache ist aber vollkommen richtig. Bemerkt sei, daß der Sprecher sehr helles „a" spricht. —

„Die Psalmen sind Produkte der jüdischen Müse" für Muse" (Bon. ref.). —

„Es wundert mich, daß die Preißrichter sich geirrt haben und Kunstbucher für Naturbutter gehalten haben" (Schima dix. May. ref.). Der Fall ist nicht ganz klar. Ich hätte nach „. . . richter" ein „. . . buchter" erwartet. —

„Mittellaut, Zwittel . . Zwitterlaut" (Tomasch.). —

„Kumulierung von Stupendien" für „Stipendien" (v. Escherich). Nicht korrigiert. —

„Wenn der Minister sich nicht aufraust . ." (Mu.) für „aufrafft . ." —

„Koliation" für „Koalition" (Bu.). —

„Tabakbazirk" für „Tabakbezirk" (Mu.). —

„. . . daß die vielen Klöster da sind; so geht man halt in ein Klöst . . . Kloster" sagte ein Bauer. —

„Ich habe selbst eine Menge solcher Fälle gese . . .

gesammelt" Me. „Ich weiß, ich wollte sagen „ge=
jemmelt." —

„ . . . von Klagenfurt rudeln . . radeln" (Göschl
jun.). —

„ . . . rücksichtslos Laus . . . Lautphysiologie . . . "
(Detter).

Eine Frau spricht zu ihrer Tochter und redet sie
„Hedi" an. Darauf wendet sie sich zur Köchin, mit
Namen „Resi", und nennt diese „Redi". —

„schlägt mit den Schwanzsloschen . . flossen" (Me.). —

„Liechtensteinklei . . klamm (Vondr.). —

„Wir müßten Böck' schönen" für „ . . . schonen"
(May. ref.). —

„wird die Wärme verdräckt . . verdrückt . . " (Abl.). —

„illumunieren" für „illuminieren" (Mu) —

„bei den Jägern und so weitern (May.). —

„Die meisten haben Gegenstände für Raucher ge=
braucht . . gebracht" (Mu.). —

Abl. heißt in unserer Gesellschaft „Senexl" oder
„altes Senexl". Einmal sage ich zu ihm: „Prost, Senex,
altesl!" für „Senexl, altes!" Ich erschrack selbst über
den Fehler. —

„ . . . ein zweischwei . . schneidiges Schwert" (Reg.=
Rat). Kann natürlich auch Anticipation sein. —

Jemand sagt zu E. v. Lieben: „Sprich nicht so
laut!" v. L. antwortet: „Ich spreche lause . . leise." —

Nur die Claudier haben Appius gehan . . heißen"
(stud. phil. Röllig.) —

Nachklang des Genus.

Dr. Zwirzina sagt: „ . . die Technik . . ", gleich da=
rauf „ . . die Museum . . " Bemerkt den Fehler selbst. —

Nachklang des Comparativs.

„eine sich genauer anschließendere . . Form" (R. Much)
in einem Vortrage). —

Nachklang der Vokalquantität.

„Wie ein Botaniker Blumen jā . . sammelt" (Me.).

„Lebenstrieb in siech" (Me.) für „ . . in sich". —

Nachklang der Flexionssilbe.

„Mehreres Neues" (Me.). —

„Alles dreies" schreibt einmal H. Paul. —

Nachklang des Numerus.

„Bessere Leute, als er sind" (Me.). Nicht korr. —

Nachklang des Tempus.

Grillmayer will einen Fund erklären aus der Fran=
zosenzeit in Oberösterreich und sagt, nachdem er das
Historische im Perfekt erzählt hatte: „Da war nun an
einem Abhange . . da ist nun . . "

Nachklang der Person.

„Ich thäte das in deiner Stelle auch, wenn ich
nichts Pressanteres zu thun hättest," sagte Bon. —

„Die haben ihr Bildnis . . sein Bildnis" (Me.). —

„Erfahrungen, die ich bei H., den Sie nicht kennen,
gemacht haben . . habe." (Me.). —

Nachklang eines Synonymum.

Nach Unterbindung beider Liga . . Uretheren" (May.
ref.). „Unterbindung" heißt auch „Ligatur", Synonyma

bieten sich sehr häufig gleichzeitig dar, hier wird eins ver=
wendet, das andere klingt nach. —

Bei jungen Leuten sind die Nachklänge offenbar
seltener. Bei Greisen scheinen sie öfter vorzukommen.
Bei den ersteren finden sie sich gewöhnlich als Ermüdungs=
erscheinungen. Bei aufmerksamem, energischem Sprechen
kommen sie seltener vor.

Daß die Nachklänge, wo sie häufig auftreten, meist
eine senile Erscheinung sind, wußte schon Shakespeare.
Vgl. die Rede des Polonius im Hamlet, II. Akt, 2. Scene:
.. to expostulate .. Why day is day, night night
and time is time, Were nothing but to waste
night, day, time ... your noble son is mad;
Mad call I it; for to define true madness, What is
't but to be nothing else but mad ..... That he is
mad, 't is true: 't is true 't is pity: And pity
't is 't is true .... the cause of this effect ...
the cause of this defect. For this effect defective
comes by cause ... Das ist witzige Verwertung eines
Defekts.

D. Schemata für die gewöhnlichen Sprechfehler.

(Vertauschungen, Vorklänge, Nachklänge).

„Etwas ist faul im Staate Dänemarks.“

Ich nehme also an, der Sprecher kommt bis zu
„faul“ (exclusive).

Von da ab sind folgende Fehler möglich:

I. Vertauschungen oder Umstellungen. Alle

gleichbezeichneten Laute und die Summe solcher können mit einander vertauscht werden. (Siehe oben.).

II. Verstellungen.

1. Anticipationen. Für jeden Laut (oder für jede Summe) kann der gleichbezeichnete Laut (oder die Summe gleichbezeichneter Laute) anticipiert werden.

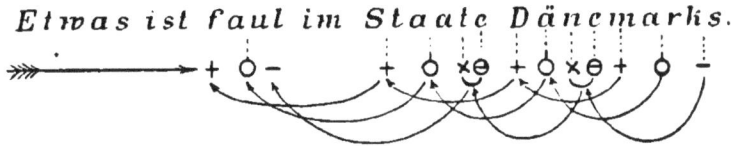

2. Postpositionen. Analog wie vorher unter II 1

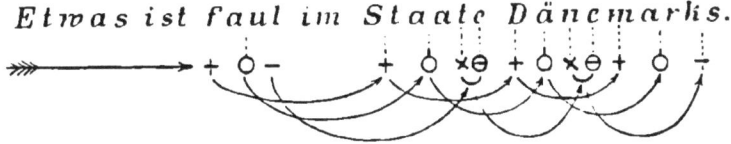

Diese drei Kategorien sind Umstellungen und Verstellungen. Es läßt sich leider bis jetzt nicht angeben, inwieweit die Anticipationen bloß korrigierte Umstellungen d. h. Vertauschungen sind.

E. Contaminationen.

Die Contamination besteht darin, daß man aus mehreren Sätzen (oder Teilen von Sätzen) einen macht, aus mehreren Wörtern eines. Die Contamination setzt Aehnlichkeit der Bedeutung oder Form der verschmelzenden Sätze, Redensarten oder Wörter voraus. Für die Verschmelzung der Wörter gilt die Regel, daß der Teil eines Wortes durch einen gleichwertigen Teil eines andern Wortes ersetzt wird.

Auch die Vorklänge und Nachklänge schaffen „Contaminationen". Deshalb will ich nur in dem Falle von Contaminationen sprechen, wo sich dem Sprechenden zwei Konstruktionen, Sätze, Wörter (synonyme, ähnliche) zu gleicher Zeit darbieten und er sie zusammenschweißt, dort aber, wo Teile eines nacheinander zu sprechen beabsichtigten Ganzen sich verschmelzen, von einer Verstellung reden (Anticipation, event. Postposition).

So ist es mir eine Anticipation, wenn ein Kellner statt „. kleines Schweinernes" „Kleinernes" sagte, obwohl hier ebensogut von einer „Contamination" die Rede sein könnte.

Es hat wirklich den Anschein, als könnten wir zwei und mehr Worte (Synonyma u. dgl.), zwei und mehr Konstruktionen zu gleicher Zeit denken und sie dann im Sprechfehler vermischen.

Der aufmerksame Leser wird finden, daß ich unter „Contaminationen" eine Anzahl Beispiele bringe, die vielleicht besser unter „Vorklänge", „Nachklänge" einzureihen gewesen wären. Das mag sein, ich lege keinen Wert darauf. Wenn sie nicht hieher gehören, so dulde man sie zu Illustrationszwecken, um den Zusammenhang zu sehen.

1. Contaminationen von Sätzen, stehenden Redensarten, Konstruktionen 2c.

„Einen solchen Schreckschuß einjagen" (Heb. ref.). —

„Etwas über den Stab brechen" (Reg.-R.), contaminiert aus „. . übers Knie brechen" und „den Stab über etwas brechen". —

In der N. Fr. Presse stand vor einiger Zeit: „. . aus dem Harnisch bringen", contaminiert aus „in den Harnisch bringen" und „aus dem Häuschen gerathen." —

Mu. erzählte von „Offizieren mit aufgespanntem Säbel"; „gezogener Säbel" und „aufgespannter Regenschirm" sind hier zusammengerathen!

„Ich kann nicht zwei Fliegen auf einmal dienen". (May. ref.). —

„Komm mal auf!" für „Komm mal her" und „Paß mal auf!" —

„Was Sie sich nur denken kann" (Hoffmann), contam. aus „man kann" und „Sie können". —

„zu Papier schreiben", cont. aus „zu Papier bringen" und „schreiben". —

„hängt in Zusammenhang" (Mu.), contam. aus „hängt zusammen" und „ist in Zusammenhang". —

„er betreibt sich . . er beschäftigt sich" (Vondr.). Es spielt „er betreibt" herein. —

„Der Mann hat schon viel hinter sich gemacht", contam. aus „hat schon viel gemacht" und „hat viel hinter sich" (May. ref.). —

„Er setzt sich auf den Hinterkopf" cont. aus „er setzt sich einen Kopf auf" und „er stellt sich auf die Hinterbeine" (May. ref.). —

„Er weiß nicht, in welches Meer die schwarze . . die Donau sich ergießt" (Albrecht). Sprecher beantwortet seine indirekte Frage und diese Antwort macht sich geltend. Pädagogen werden wissen, wie oft dem Frager, der den anderen bei einer Ignoranz erwischen will, es zustößt, daß er sich so verspricht, daß in der Frage die Antwort bereits mitgefragt wird. —

„Die Mutter giebt ganz bestimmt aus" contam. aus „giebt an" und „sagt aus" (May. ref.). —

„Die Partei verlangte, das Stiegenhaus frisch an= gestrichen zu werden" (Bunzl.) —

„meine traurigen Fußstapfen" (Schimke). Sprecher denkt „mein trauriges Geschick". —

„Momente, die dabei ins Gewicht fallen" (Mu.). —

„ich werde infolgedessen gar nichts zu thun sein" (May. ref.) contam. aus „ich werde . . . zu thun haben" und „es wird . . . zu thun sein". —

„wenn ich zwei so bedeutende Schausp . . Sängerinnen auftreten würde" (Homann); contam. aus „wenn zwei . . . auftreten würden" und „wenn ich zwei . . . ließe." Merk= würdig ist, daß „würde" noch von „ich" abhängt. Das „ich" könnte auch von dem Ich=Satz, der folgte, in den vorliegenden anticipiert worden sein. —

Mu. erhebt sich und sagt: „Ich geh!" Sofort springt auch Detter auf und sagt: „Ich geh' miteinander." Con= tamination aus „Wir gehen miteinander" und dem nach= klingenden Wort Murkos. —

Es ist von einem Bilde H. Makarts die Rede. „Ah",

sagt v. Lieder, „das ist der Einzug Katharinas von Cor=
naro". „Einzug Karls V." und „Venedig huldigt der
Katharina Cornaro" sind hier verquickt. —

„. . hat ein Schwert an" (Mu.). —

„. . da brach . . sprach er einen Toast" (E. Bor=
mann). „brach" ist Contamination von „brachte aus" und
„sprach". —

„wenn er nicht begabt hat" für „. begabt ist" sagt
Adl. Aufmerksam gemacht, leugnet er mit großem Eifer,
wird aber von anderen Anwesenden widerlegt. „begabt
ist" und „Begabung hat" sind hier vermischt. —

„. hat den Eindruck" (Me.), contam. aus „macht den
Eindruck" und hat den „Anschein". —

„den keines menschlichen Fuß noch erreicht hat".
Reg.=R. Contam. aus „keines Menschen" und „kein
menschlicher". —

„zur Frage gekommen" contam. aus „zur Sprache
gekommen" und etwa „in Frage gestellt worden" (Prof.
A. Penck). —

„tappt man ins Blinde" (E. v. Lieben). —

„Wenn wir diese Zustände auseinander scheiden können",
(contaminiert aus „. . auseinander halten" und „scheiden",
Loth. v. Frankl dix., May. ref.). —

„. . bei dem die Frage der Krankheit noch nicht
ganz offen ist", contaminiert aus „noch offen ist" und
„noch nicht ganz entschieden ist" (May. ref.). —

Das Leben bietet jederzeit eine überquellende Fülle
solcher Erscheinungen.

„Ich war bis ³/₄7 zu Hause hab ich gearbeitet", sagte rasch und sicher Mu., ohne daß er das Gefühl unerlaubt construiert zu haben gehabt hätte. —

„Wir haben in ähnlicher Weise den Abend bis zum Morgen zugebracht" (Mu.). —

„Ich geh' heut' auf einen Jour muß ich kommen" (Mu.). —

„Eine kopflose Haltung" (Mu.). —

„da muß man kalte Ruhe haben" (Mu.). —

Ganz barocke Konstruktionen fördert die volkstüm= liche Poesie zu Tage, wo sie den Stil des hohen Dramas nachahmen will. Weniges aus den „Deutschen Puppen= spielen" edd. Kralik und Winter. Wien 1885. S. 45. „. . . würde eine große blutige Schlacht über unseren eigenen Hals noch zusammenziehen." Faust sagt a. a. O. S. 160: „. . . meine Augen fallen in einen Schlaf . ." „Von heut ab seid Ihr Schutzmeister in meiner Burg er= nannt" S. 129. „Mir gefällt es gar so lieblich" S. 139. „Ich habe mich den Teufeln in den Arm gespielt" S. 185. „Jeder Mensch wird mit Fingern auf dich zeigen" S. 188.

Sogar Shakespeare sind solche Dinge passiert. Vgl. Hamlet III. 1:

„Or to take arms against a sea of troubles,
And by opposing end them?

2. Contaminationen von Wörtern.

Fälle, wo sich zwei Konstruktionen in einem Wort schneiden, oder wo zwei Wörter sich kreuzen.

„Die Studenten haben demonstra . . demonstriert"

sagte Mu. Er wollte „demonstrart" sagen, contaminier aus „demonstriert" und „Demonstrationen gemacht". —

„Ich kann nicht vorkommen" sagte May., meinte aber „kommen" und „vortragen". Hier liegt eine Contamination nur dann vor, wenn der Redner nicht beide Worte sagen wollte. Wenn das letztere der Fall war, dann gehört das Beispiel zu den Anticipationen.

„ . . . dann bin ich abgesattelt" Dr. Dopsch. Kontamination aus „habe ich umgesattelt" und „bin ich abgekommen" oder einem ähnlichen Worte.

„ . . . zur Verbetterung der Rasse" sagte Mu. Ich dachte zuerst an Dissimilation des ff (von Verbesserung) wegen des folgenden. Aber Mu. erklärt, er habe dabei gedacht: „wenn sie nur etwas fetter wäre!" —

„Mit dem M. möchte ich nicht anbanden" Me. „anbinden" und dial. „anbandeln" sind mir hier durcheinandergeraten. —

„Wir wollen uns mit . . . beschaffen (v. Lieben ref.). „beschaffen" ist contaminiert aus „beschäftigen" und „befassen", die Form ist vom letzteren Wort beibehalten. —

„hin- und herschwogen" (Rich. Stern) „schwogen" contaminiert aus „schweben" und „wogen". —

„Das Wasser verdumpst" (Professor Fr. Brentano. E. v. L. ref.). „verdumpst" contaminiert aus „verdunstet" und „verdampst". —

„er muß gefühlt haben, daß es zerbrestet" (Adl.) „zerbrestet" ist Contamination aus „zerbricht" und „berstet",

also wäre die klare Lösung „zerbrerstet". Vielleicht r-
Dissimilation?

V. Henry berichtet einen interessanten Fall in der
Revue critique 1894 S. 503 anm. 3, worauf mich R.
Heinzel aufmerksam gemacht hat. Eine junge Dame,
im Begriffe ein Pferd zu besteigen, sagt: Donnez moi
les rides". „rides" ist Contamination von r(enes) und
(gu)ides. Henry verweist dabei auf Otto Jesperson,
Progress in language S. 269, was mir leider nicht zugänglich ist. —

„Vorbesprochung" für „Vorbesprechung" (Prof. v.
Escherich). „besprochen" spielt herein. —

„Das kann man nicht erfallen" (Me.) für „das kann
einem nicht einfallen" und „das kann man nicht erfinden. —

„Er hat es sehr ausläu . . . weitläufig behandelt"
(Nebenkonstr.: „Er hat darüber ausführlich gehandelt"). —

„Wir wären bald handgemein . . handgemein geworden" (Me.). Es schwebt vor: „ . . in ein Handge-
menge geraten". —

„ . . wo nachgeweist ist . . nachgewiesen ist" (Blo.).
Es schwebt vor: „ . . wo der Nachweis erbracht ist". —

„ . . ist es gar keinem Zweifel unterliegen" (Stucci).
Es schwebt vor: „Kann es . . unterliegen". —

„Ich kann Sie versagen" (Me.), contaminiert aus:
„Ich kann Ihnen sagen" und „Ich kann Sie versichern". —

„Wenn Sie eine Weile aufwarten"; „aufwarten"
contaminiert aus „aufpassen" und „warten" (May.
ref.). —

„Ich habe mich nicht umgekümmert" (Me.), con=
taminiert aus „umgesehn" und „gekümmert". —

„schlittschuhschleifen" (Me.), contaminiert aus „schlitt=
schuhlaufen" und dem gleichbedeutenden dialektischen „schlei=
fen" (Me.). —

„umfangende" contaminiert aus „umfassende" und
„umfangreiche" (Me.). —

„Wenn ich losla . . . lege" (Mu.); „loslalege" con=
taminiert aus „loslasse" und „loslege".

Heb. sang: „Denn die Sache ist kein Sperz"; con=
taminiert aus „Scherz" und „Spaß". —

„Plumps! ist er hingelegen!" contaminiert aus
„dagelegen" und „hingefallen" (May. ref.).

„Ich bin schon so krepit" (Mu.) contaminiert aus
„dekrepit" und „krepiert". —

Ein interessanter Fall: C. Mayer liest gerade:„Seit
einem Monat . . . "; man spricht von einer Kranken
zu ihm. Er fragt: „Was hat die Kranke gemo . . ."
Darauf Korrektur. „Gemo . . ." Contamination aus dem
beabsichtigten „gemacht" und dem gelesenen „Monat"
(ist auch Nachklang). —

„Das allein wäre mir noch nicht aufstößig" für „an=
stößig und „auffallend" (Baumgartner). —

„Verschiede" für „Verschiedenheiten" und „Unter=
schiede". —

„ . . diesem Schur . . Schusten" (Me.). „Schurschusten"
ist Contamination aus „Schurken" und „Schusten", wie=

der ein Fall, der zeigt, wie sich Synonyma zusammen darbieten. —

Prof. Gegenb. gebraucht im Gespräche das Wort „verstehen". Prof. Weidl antwortet: „Wenn ich mich zum Spazierengehen „verschlie . . entschließen könnte". Er wollte sagen „verschließen", contaminiert aus dem nach= klingenden „verstehen" und „entschließen" (Nachklang). —

„ . . heraufbricht" aus „heranbricht" und „herauf= kommt (Me.). —

„ . . sonst hätte man sich geschimmert haben" (Reg.-R.), contaminiert aus „geschert" und „würde sich gekümmert haben". —

„Da wurde ein Poculus draus" (Mu.). Der Fall ist kompliciert. Mu. wollte sagen „Potus", woraus er nach „Poculum das Wort „Poculus" machte. Vielleicht spielt auch „titulus (bibendi)" mit herein. —

Ich contaminierte die Namen „Zeisel" und „Herzig" zu „Zeisig". —

Mu. erzählt von Vorgängen, die er in seinem In= neren für „Schweinereien" erklärt. Er sucht aber nach einer milden Form und beginnt: „dann aber sind That= sachen zum Vorschwein gekommen . ." May. und ich waren anwesend und Mu. bestätigte, daß er „Schweine= reien" gedacht hatte. Daß sich dieses gedachte Wort bei „Vorschein" verriet und plötzlich wirksam wurde, findet in der Aehnlichkeit der Wörter seine genügende Erklärung. —

„hastlos" (Me.), contaminiert aus „rastlos und hastig". —

„Geh'n wir fortwä .. (Me.). Ich wollte sagen „fortwärts"; contaminiert aus „fort" und „vorwärts". —

„Sonnenfels" sagte Mu. zweimal nacheinander. Contaminiert aus „Sonnenthal" und „Hohenfels", von welch' letzterer er eben sprach. Beide Personen gehören dem Burgtheater an. —

„Fohlen sind junger .. billiger zu haben" (May. ref.). „Junger" ist Contamination aus „jung", das bei „Fohlen" mitassociiert wird und „billiger". —

„Seid ihr noch länge geblieben?" (Vondr.). Bemerkt aber nicht korrigiert. „Länge" ist contam. aus „lange" und „länger". —

„Assimilisation" sagt R. Much ohne zu korrigieren. Wörter wie „Civilisation" spielen herein. —

„bricht in ein hölles Gelächter aus" (Abl.). „Hölles" contam. aus „helles" und „höllisches". —

„Jännuar" (Me.) contaminiert aus „Januar" und „Jänner". —

„.. hätstest du erst lesen sollen" (Me.) „Hätstest" wohl contaminiert aus dialekt. „hättst" und schriftdeutsch „hättest". —

„Abschnatt" aus „Abschnitt" und „Absatz". (Dr. R. Berl.) —

„überstaunt" contam. aus „überrascht" und „erstaunt" (May. ref.). —

„durchriebener" contam. aus „durchtriebener" und „geriebener" (May. ref.). —

„Ueberbleibſel" (Frh. v. Andrian), contam. aus „Ueber=
lebſel" und „Ueberbleibſel". —

„Cubo" contam. aus „Cuba" und „Trabucco". Beides
öſterreichiſche Cigarrenſorten. (May. ref.)

Daß dieſe Verſchmelzungen ſehr häufig ſind und der
Aufmerkſamkeit der Sprachforſcher nicht entgangen ſind,
möge man bei Paul, Prinzipien der Sprachgeſchichte²
S. 132 einſehen. Vom Standpunkte der inneren Sprache
iſt die ſo häufige Konſtruktion ἀπὸ κοινοῦ nichts anderes
als das „Kleinernes" des Kellners, der „ein kleines
Schweinernes" ſagen wollte. Daß aus zwei ſynonymen
Formen eine dritte gemacht wird, dafür iſt ahd. bim „ich
bin", biſt, bis „du biſt", Plur. birum „wir ſind", birut
„ihr ſeid" ein ſehr ſchöner ſprachlicher Beleg: hier ſind
Formen der W. bhū „ſein" mit Formen der W. es „ſein"
verſchmolzen, und Joh. Schmidt hat Kuhns Ztſ. 25. 598
von einer ſchrittweis verfolgbaren Verſchränkung von ásmi
und bhávāmi in den weſtgermaniſchen Sprachen geſprochen
(Vgl. Brugmann, Grdr. II. S. 907 f.). Material aus
den romaniſchen Sprachen Meyer=Lübke, Rom. Gramm. I.
S. 589.

Die Wörter, welche contaminiert werden, brauchen
übrigens nicht dem Sinne nach identiſch zu ſein, ſie müſſen
nur häufig miteinander geſagt oder miteinander gedacht
werden. Ein Kellner machte aus dem Namen „Murko"
nach „Meringer" einen „Muringer", eine klare Contami=
nation, die hier durch die Laute M—r erleichtert wurde.
So ſind wohl auch die Suffixübertragungen entſtanden. Kluge

Rom. Stammbildungslehre S. X. Bei uns heißt es im Dialekt immer „Dokter", „Professor", wie Schneider, Tisch= ler, Schuster.*)

Bei sehr häufig mit einander gebrauchten Wörtern kommt es auch vor, daß ihre Anlaute gleich gemacht wer= den, so daß die Worte alliterieren: Herakleisch ὀκτώ nach ἑπτά. Andere Contaminationen bei Brugmann Grundr. II. S. 480. Ebenso scheinen ἐμοῦ ἐμοῖ ἐμέ (statt μοῦ μοῖ μέ) ihr anlautendes ε erst von ἐγώ zu haben. Am be= greiflichsten sind die vielen Angleichungen der Zahlwörter untereinander aus der Thätigkeit des Zählens, namentlich des Geldaufzählens (Anticipationen oder Postpositionen). —

Schemata für Contaminationen.

3. B. Mhd. dô sprang von dem gesidele her Hagene alsô sprach. Vgl. H. Paul, Prinzipien² 112. Zwei Sätze, die nach einander gesagt werden sollen. Der zweite, wird zu früh angeschlossen.

1. dô spranc von dem gesidele her Hagene | alsô sprach
S————————————————————————————————————S
                                    Λ Λ

2.   Her Hagene alsô sprach

Aehnlich: „Ich komme um die Stadt bin ich ge= gangen" (Von.) Sprechfehler.

---

*) Uebertragung der Flexionsendung auf ein danebenstehendes Wort ist sehr häufig: „Ein kolossaler kühner Gedanke" für „ein kolossal kühner Gedanke". —

Anderer Fall. Sprechfehler.

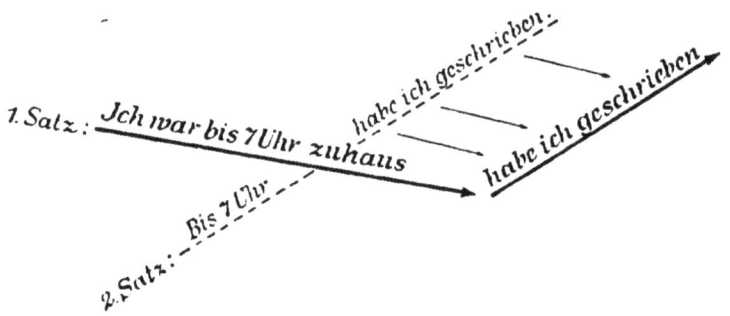

Anderer Fall. Ich denke zu gleicher Zeit an zwei Sätze, die dasselbe bedeuten:

1. „Ich glaube, daß X nicht begabt ist",

2. „Ich glaube nicht, daß X begabt ist".

Die Sätze schneiden sich und ich sage das Gegenteil von dem, was ich sagen wollte.

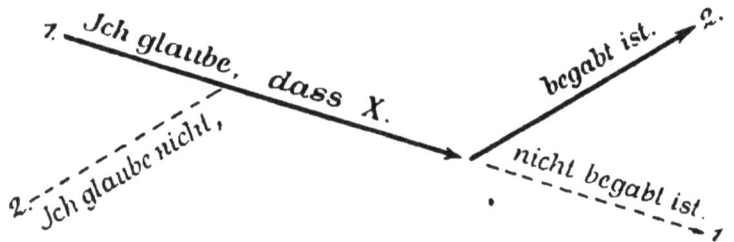

Oder. Mn. will sagen: „Unter dem Striche sagt er .." oder „In der Anmerkung sagt er ..". Schema:

Unter dem Striche | sagt er.
In der Anmerkung |

Resultat: „Unter der Anmerkung sagt er .."

Zu Anschauungszwecken ist eine alte Anekdote gut zu verwenden. Ein Redner will beginnen: „Unvorbereitet wie ich bin .." Nun hat er sich aber vorbereitet. Ein unabweisbarer Nebengedanke macht sich geltend: „Vorbereitet, wie ich mich habe . . " Der letztere kreuzt den ersteren, das Resultat ist „Unvorbereitet, wie ich mich habe", so klar von beiden Gedanken zeugend, daß gewiß noch niemand diesen trefflichen Witz nicht sofort verstanden hätte.

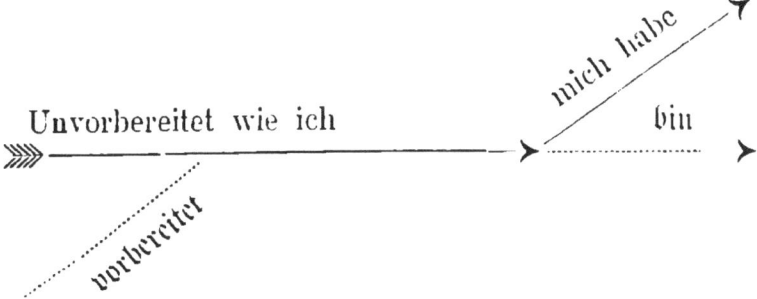

Also Gedankenbeugung (Ablenkung, Entgleisung) durch das Vorhandensein eines Nebengedankens.

Oder. Dr. Loth. v. Frankl (May. ref.) sagte: „Wenn wir diese Zustände auseinanderscheiden können . . ", contaminiert aus „scheiden" und „auseinanderhalten".

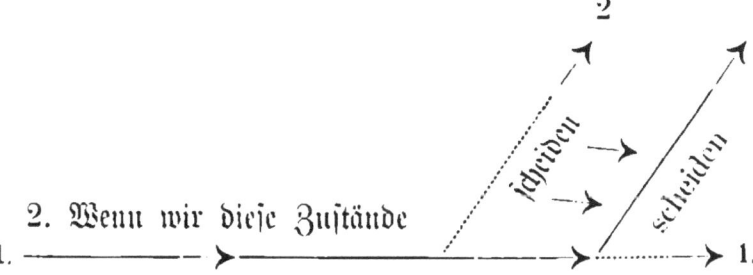

2. Wenn wir diese Zustände

1. Wenn wir diese Zustände auseinander halten.

Die Gedankengabelung erfolgt hier erst nach „Zustände"; da bieten sich dem Sprecher die beiden Ausdrücke dar, welche sich dann fehlerhaft vermengen.

C. Mayer stellt die Sache einfacher so dar:

Wenn wir diese Zustände $\left\{\begin{array}{c}\text{auseinanderhalten}\\ \text{scheiden}\end{array}\right\}$ auseinanderscheiden

Anderer Fall. Zwei Reihen kreuzen sich innerhalb eines Wortes. Sprechfehler: „Die Studenten haben demonstra(rt)."

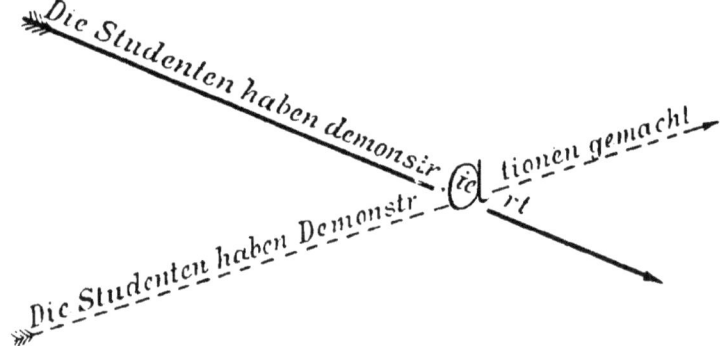

Oder. Vondr. will sagen: „Ich habe eine Empfehlung an Sie!" Unterdessen sagt der Andere: „Sie sind mir empfohlen". V. sagt nun: „Ich habe eine Empfohlung an Sie."

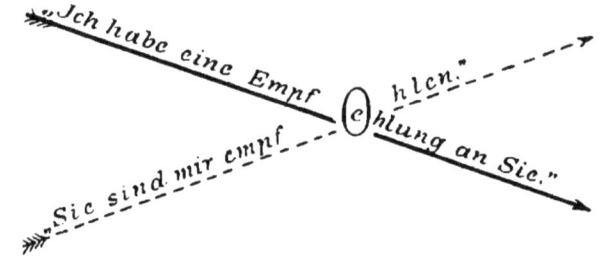

In diesem Falle ist sicher, daß zwei ganz getrennte Reihen sich in einem Punkte scheiden.

Oder aus „Abschnitt" und „Absatz" entsteht „Ab= schnatt". Kreuzung.

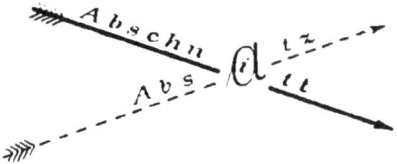

Noch ein Fall. Es ist ein lebhafter Streit über die böhmische Königskrone, an dem sich Mu. mit großem Eifer beteiligt. Das Wort „Krone" ist so oft gebraucht worden, daß es bei allen Anwesenden unter der Bewußtseinsschwelle, aber noch in der wirksamen Sphäre „schwebt", wie ich sagen will. Mu sagt alsdann: „Sie wurde nach Bro . . Böhmen geführt". „Bro . . " war mir unklar und ich frage Mu., warum er stolperte. Murto erklärt, er habe an „Prag" (dorthin kam die Krone) gedacht. Aber bei „Bro . . " muß auch „Krone" mitwirken.

Im Bilde:

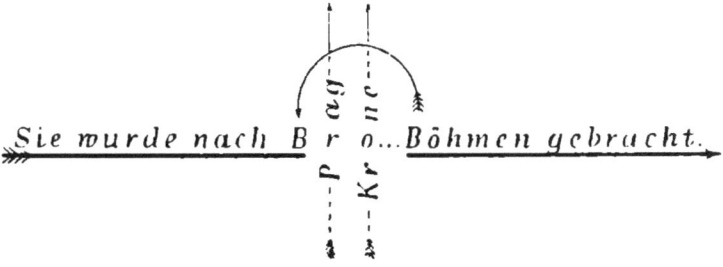

d. h. also, der laufende Redegang wird durch ein Nebenwortbild (Prag) und ein (als Nachklang) „schwebendes" Wortbild zum Entgleisen gebracht. Der Fall ist typisch für eine Reihe schwieriger Fälle. Die gleichzeitigen Parallelwortbilder (hier also „nach Böhmen" „nach Prag"), die sehr viele Menschen sofort als Grund ihres

Sprechfehlers anzugeben in der Lage sind, sind die näheren Gründe von Fehlern. Die weiteren sind die als Nachklänge über oder unter der Bewußtseinsschwelle „schwebenden" Wortbilder der vorher gebrauchten oder gehörten Worte.

Je ähnlicher das zu sprechende Wort mit einem in erreichbarer Nähe vagierenden Nachklange ist, desto leichter wird dieser herbeigelockt. Z. B. ich spreche von R. Wagner. Im nächsten Satze sage ich „Wagen" für „Hagen". Oder: Murko erklärt uns die slowenischen „Gibanzen". Er sagt: „Der Teig wird fein ausgewalken . . . weig, muß feines Weizenmehl sein". Das sinnlose, gestotterte „weig" hat nachklingendes „eig" von „Teig" und vorklingendes W von „Weizenmehl". —

Unter den „Contaminationen" finden sich also folgende Fälle:

1. Zwei Parallelkonstruktionen werden zu einer verschmolzen (es war von vornherein nur eine zu sagen beabsichtigt).

2. Zwei Parallelkonstruktionen schneiden sich in einem Worte, sogar in einem Laute.

3. Zwei Parallelwörter verschmelzen.

4. Zwei Parallelwörter schneiden sich in einem Laute.

5. Zwei aufeinanderfolgende Konstruktionen, (beide sind zu sagen beabsichtigt) werden zu einer,

6. schneiden sich in einem Worte, in einem Laute,

7. Zwei aufeinanderfolgende Wörter verschmelzen,

8. Zwei aufeinanderfolgende Wörter schneiden sich in einem Laute.

Nur 1—4 sind mir echte Contaminationen, 4—8 sind (obwohl sie auch Verschmelzungen erzeugen) unter „Vorklänge“ und „Nachklänge“ zu subsumieren.

F. Substitutionen.

Ich verstehe darunter Sprechfehler, welche darin be= stehen, daß man ein Wort durch ein ähnliches, aus irgend einem Grunde dem Bewußtsein mindestens augenblicklich näher liegendes Wort ersetzt. Bei den Substitutionen werden also meist keine neuen Wörter geschaffen.

Die Aehnlichkeit des Wortes mit dem ersetzten kann sein:

1. eine rein formelle,

2. eine inhaltliche, d. h. der psychische Gehalt des ersetzten Wortes (in Bezug auf Bedeutung) ist mit dem des ersetzenden nach den allgemeinen Gesetzen der Gedanken= assoziation verknüpft.

Sehr oft geht beides Hand in Hand. Die äußere Aehnlichkeit erstreckt sich manchmal nur auf Gleichheit des Anlautes und des Wurzelvokals.

Die Substitutionen sind oft recht unklar und schwer zu deuten. Man weiß sehr häufig nicht, warum man gerade auf ein Wort gekommen ist. Es scheint damit etwas Aehnliches vorzuliegen, wie die Aufdringlichkeit, mit der sich eine Melodie manchen Tag immer und immer wieder meldet. Daß man an manchen Tagen Lieblings= worte gebraucht, ist bekannt. Ebenso, daß es Leute giebt, die solche Lieblingsworte eine Zeitlang gebrauchen, oft ganz sinnlos. Turgenjew hat einen solchen Typus in den Memoiren eines Jägers beschrieben.

Eine große Rolle spielt die Substitution im Witze. Die reinen Wortwitze, die Fremdwörterverdrehungen u. dgl. gehören hieher. Vergl. Shakespeare, The Merry wives of Windsor I. 1. Bardolph: „. . ., the gentleman had drunk himself out of his five sentences.“ Evans: „It is his five senses: fie, what the ignorance is.“ Oder ebenda: Slender sagt: „the dozen white luces.“ Evans markiert einen Hörfehler und sagt: „the dozen white louses.“ Auf ein Beispiel möchte ich noch hinweisen. Es findet sich ebd. I. 3.

Falstaff: . . I will tell you, what I am about.

Pistol: Two yards, and more.

Falstaff: No quips now, Pistol: Indeed I am in the waist two yards about; but I am now about no waste; I am about thrift.

Es ist bekannt, daß es zahlreiche Witzmacher giebt, welche die Erscheinungen der Sprechfehler, so auch die der Substitution, virtuos nachzuahmen verstehn. Hervorragender Intellekt ist dazu nicht von Nöten, aber ebensowenig hat wohl bis jetzt jemand einen derartigen Menschen für „pathologisch“ gehalten. Besonders lebhafte akustische Wortbilder und infolge dessen leichte Association von ähnlich klingenden, wenn auch dem Sinne nach weit entfernten Wörtern, wird solchen Individuen zuzuschreiben sein. Gerade recht mäßig begabte Menschenkinder machen oft die besten derartigen Witze. Nicht ganz unerklärlich, weil bei

ihnen die Hemmungen, welche sonst aus dem ganz verschie=
denen Sinn erwachsen, nicht so lebhaft und energisch sind.

Auch bei den Substitutionen spielen wie bei den
Contaminationen und in wahrscheinlich viel höherem Grade
die „schwebenden" oder „vagierenden" Sprachbilder eine
große Rolle. Sie sind, wenn auch unter der Schwelle
des Bewußtseins, so doch noch in wirksamer Nähe, können
leicht durch eine Aehnlichkeit des zu sprechenden Komplexes
herangezogen werden und führen dann eine Entgleisung
herbei oder kreuzen den Zug der Wörter. Die „schwebenden" oder „vagierenden" Sprachbilder sind, wie gesagt,
oft die Nachzügler von kürzlich abgelaufenen Sprachpro-
zessen (Nachklänge).*)

Soweit ich bis jetzt die Substitutionen kenne, möchte
ich sie für ein dankbares Beobachtungsgebiet der Philo-
sophen und Psychologen halten. Es wäre leicht möglich,
daß die Sprachfehler hier in Bezug auf Association Einzelheiten verrieten, welche bis jetzt nicht bekannt sind.

Nicht hieher gehören jene Füllwörter, welche bei
Stotterern und anderen nicht sehr redegewandten Menschen
gebraucht werden. Allgemein bekannt ist das „dings",
„dingsda" („Sache", „chose" u. s. w.) für fehlende Hauptwörter. Andere ganz sinnlose Füllwörter sind „abn",

---

*) Ich komme nach einem Spaziergange zum Speisen und
sage: „Geben Sie mir einen Wagen . . einen Wecken". Ich war
mit Broch durch die verschneiten Straßen gegangen und wir
hatten die Wagen in ihrer mühseligen Arbeit vielfach beobachtet.
Das W— von „Wecken" war genügend, das „vagierende" Wortbild „Wagen" herbeizulocken.

„pnah", „ĳt", „äh", „mette, mettem, mettemĳte" (May. reĳ.). — Abĳehn will ich von ĳolchen Sprechfehlern, wo ein Wort durch ein oft gar nicht ähnliches erĳetzt wird. Ich meine Fälle, wie den, daß man in Geĳellĳchaft einen Freund mit dem Namen eines andern danebenĳitzenden anĳpricht u. dgl.

„Ein fränkiĳcher Hausmeiĳter" für „Hausmeier" (Büdinger). —

„Studien" für „Stunden" (Mu.). —

„Mineralien" für „Materialien" (Me.). —

Vgl. auch ĳolche Fälle: „Das kann man durch Legierung wieder befeĳtigen" ĳtatt „. . durch Lötung . ." (May. reĳ.). —

„Ich gebe die Praeparate in den Briefkaĳten" ĳtatt „in den Brütkaĳten". —

„Ein paar ruĳĳiĳche Eheleute" für „ruĳĳiĳche Edelleute" (Me.). Am ĳelben Abend ĳagte ich wieder an unrechter Stelle „Ehe . .". —

„Achtzehnhundertneun z e h n" für „Achtzehnhundertneun z i g" (Von.). „zehn" hier Nachklang vom erĳten Compoĳitionsteil? —

Von ĳagte zweimal: „Der Herr hat ein Viertel Achtel beĳtellt" für „¼ Wein", ohne zu korrigieren. —

Heb. ĳagt „Claus" ĳtatt „Schrauf", welch letzteren Namen er unmittelbar vorher gebraucht. Korrektur ĳofort. Alĳo Nachklang? —

Ich habe beim Denken vor dem Einĳchlafen mich

leise versprochen und „dünken" gedacht für „tünchen". —

„Trans . . . Deportation (Mu.). —

„Kahlenberg" für „Rax" sagte ich zu einer Zeit, als ich öfters auf den Kahlenberg hinauffuhr. —

„Da gehen die Thüren immer aus und ein" für „auf und zu", nach der Phrase „ein Mensch . . " oder „Menschen gehen aus und ein" (May. ref.). —

Ein Polizeiarzt schrieb den Namen eines Mannes „Backhuhn" statt „Backknecht" (May. ref.). —

„Wes Brot ich eß' des Lob ich trink'", sagte Adl. für „ . . . sing"; Substitution wegen Klangähnlichkeit und Verbindung von „eß und trink". —

Eine der häufigsten Substitutionen ist „geneigt" für „geeignet" (Fel.) und wohl auch umgekehrt. —

„Der Zwölf . . . der Zifferer sage ich!" (Adl.) Substitution durch gleichen Anlaut erleichtert. —

„Verrenkt" für „verreckt" (Jos.). —

„Zeichen zum Aufmarsch" für „Zeichen zum Aufbruch" (Mu.). —

„Wenn eine Lawine ins Geröll kommt" statt „ins Rollen" (Mu.). —

„Neunundachtzig" für „Achtundneunzig" sagte Hofrat Bühler. Der Fehler sieht mehr einem Lesefehler gleich als einem Sprechfehler. Es ist auch möglich, daß dem Sprechenden die Ziffern vorschwebten. —

„Aengsterlich" für „ängstlich" hörte ich von Hofrat Bühler und hielt es für Versprechen. Bühler aber klärt mich auf, daß es ein Witzwort sei. Es gehört in diesen

Zusammenhang und ist gebildet nach „bitterlich", „säuer=
lich", hinderlich" u. j. w.

Die sogenannte „Volksetymologie" scheint mit diesen
Thatsachen verwandt zu sein. Ein fremdes, oder ein un=
gewöhnliches Wort der eigenen Sprache wird durch die
vorhandenen Vorstellungsmassen percipiert, von ihnen at=
trahiert und unter ihrer Mitwirkung reproduziert. Auch
diese Beobachtung hat sich der Volkswitz zunutze gemacht.
Nestroy, Ges. Werke I. S. 11: Goldfuchs: „. . ist doch
eine äußerst barocke Idee". Johann: „Ein Friseur könnt'
keinen parukern Einfall haben". —

Militärlehrer Hoffm. nannte den Ort „Bruneck"
mehrfach „Landeck". Aufmerksam gemacht erklärt Hoffm.
den Irrtum daraus, daß er mit einem „Landeck" viel=
fach dienstlich zu thun habe. —

„Es sind ja dort auch Fische .. Schiffe ausge=
graben worden" sagte Pastor Pag. aus Pommern. Diese
ist eine der häufigsten Substitutionen. Es wird wohl
auch „Schiff" für „Fisch" sich finden. Als Vertauschung
von An= und Auslaut ist der Fall durchaus nicht auf=
zufassen, denn das kommt bei Gesunden nach meiner Be=
obachtung nicht vor (vgl. S. 24 Anm.). —

„Häufig werden „heute" und „heuer", „begleitet"
und „bekleidet" für einander substituiert. --

„Eisen" für „Stein" (Me.). —

„Geschmier" für „Geschwür" (Hoffm.). —

„Wenn die Post nicht übersättigt .. überfüllt ist"
(Hoffm.). —

„Quantität" und „Qualität" werden oft verwechselt. —

„Ich wollte Ihre unmaßgebliche Meinung hören" (Bondr.), falsch nach „meine u. M." gebildet. —

Ich hörte jemand stottern „vest .. verspätet". Der Fehler wurde klar, als einer meiner Schüler für „verpestet" „verspätet" las, eine deutliche Substitution. —

„Sieh auf's Thermometer, wie viel Uhr es ist" (Me.). Ist ein typischer Fall für eine ganze Klasse von Substitutionen. —

Ich habe gelegentlich „Rock" für „Ring", „Dampfer" für „Eisenbahn" gesagt. —

Tetter sagte: „Die Mistel ist nach der Sage vom Himmel auf die Erde .. ah, auf die Bäume gefallen". Die häufige Verbindung von „Himmel" und „Erde" hat hier die Entgleisung verursacht. —

„Ich habe da Schwef ... Karbolsäure" (Mu.). —

„Baschaty" für „Bragassy" (De.). —

„gezüchtigt" für „gezüchtet" (Mu.). —

„renommiert" für „renoviert" (Me.). —

„Diesjährige Jahrhundert" (Frau Walzel). —

„Der Brücke ... der Hyrtl sage ich" (Adl.). —

Prof. Exner erzählt mir, daß er in einer Vorlesung „Linsengericht" für „Linsensystem" sagte, ohne es zu bemerken. —

„Strecken Sie die Zehen aus" (für „.. Finger ..") befahl ein Arzt (May. ref.). —

v. Andrian sagte „Pollack" für „Adler", offenbar weil beides häufige Namen von Juden sind. —

„Muskelaffektation" für „Muskelaffektion" (Mu.) —

„Der Ziehrer, der Zifferer, der Silberer" (Abl.). Der Fall ist lehrreich. Man sieht, wie der Sprecher dem gesuchten Namen endlich beikommt. Die falschen Namen sind dem Sprecher geläufig. —

„Indogermanische Vorstellungen" sagt Dr. v. Grien= berger in einem Vortrage für „I. Forschungen" ohne etwas zu merken. —

„Ein Druck für Taubstumme, ah! . . Blinde" sagt Vondr. Er erklärt, das Wort „Taubstumme" in der letzten Zeit öfter gebraucht zu haben. —

„nächstes Jahr" für „nächstes mal" sagt Detter, ohne zu korrigieren. —

„befestigt" für „beschäftigt" berichtet mir May. Einige Tage darauf höre ich „befest . . beschäftigen" (R. Berl). Sprecher erklärt, daß er „befestigen" habe sagen wollen. —

„. hat uns den ganzen Don Juan vorgelesen . . ah! vorgesungen" (Vondrak). —

„. . das reine Oesterreich, das phonographische Oester= reich!" (Reg.=R.). Natürlich war „photographisch" ge= meint. —

„Bibliographie" für „Biographie" (Broch). —

„Buk . . Budapest" sagte Mu. zu Bogdan, welcher Professor an der Univ. in Bukarest ist. Mu. hätte da= durch verführt beinahe „Bukarest" für „Budapest" gesagt. —

Dr. Homann erzählt von „Hänsel und Gretel", einer neuen Oper. Dabei verwechselt er mehrmals hintereinander die beiden, sagt also z. B. „der Gretel". Weil „Hänsel" von Frl. Renard dargestellt wird, nennt er sie „der Renard". Gespräch fand statt etwa 11 Uhr abends. —

„Ich habe den Mayer . . ah! den Müller begegnet" (Mu.). —

„Berlin" für „Wien" sagt E. Bormann. Er war vor seiner Ernennung in Wien Lehrer an einem Berliner Gymnasium. —

„. heruntersingen . . sinken" (Dr. M. Haberl. in einem Vortrage). —

„Verwertung" für „Verwendung" (A. Penck). —

„. . zu einem Schluß . . Entschluß gekommen" (Hofr. Schenkl). —

Bekannt ist, daß kontrastierende Vorstellungen einander associieren. So kommt man auch auf dem Wege der Substitution dazu, das Gegenteil von dem zu sagen, was man gemeint hat.

„Die Abende sind dann schon kurz" für „. . . lang" (Pesta). —

„Ihm war auch kein Berg zu niedrig, das heißt zu hoch)" (Hoffm.). —

„Der Caspisee liegt . . . Meter über dem Meeresspiegel" für „unter" (Hoffm.). —

„Konvex" und „Konkav" u. a. wird oft vertauscht. —

„Berechtigt" für „verpflichtet" sagte Bondr. —

„Später wird's besser sein" für „schlechter" (Me.) —

„Wir sind für sie Luft, ich bin aber auch für sie Luft" sagte Rechtsanwalt Stüber aus Dresden. Falscher Gegensatz gebildet. —

Schauspieler Sonn. sagte als Rochester in „Die Waise von Lowood": „Komm zu mir, Jane, sag, ich will dein Mann sein". „Mann" für „Weib". Auch als Contamination aufzufassen, weil er denkt „ich will dein Mann sein".—

„Man kümmere sich um diese Dinge so v i e l als möglich" statt „so w e n i g . . ." (May. ref.). —

„Was er v e r l i e r t, giebt er seinen Kindern in die Sparbüchse" statt „. . gewinnt . ." (Frl. Be.) —

Ich erklärte Herrn Prof. Azruni aus Aachen das Wesen der Anticipationen. Gleich darauf sagte er, ohne es zu merken „vorige" statt „folgende". Ich konnte ihm also zu Prof. Weidls Freude auch gleich etwas über Substitutionen mitteilen. —

„Meine Instruktionen sind zwar nicht ganz unmaßgebend, aber doch verhältnismäßig sicher" (Schrauf). Gemeint war „maßgebend". —

Dem Kellner wird vorgeworfen, daß es ziehe (Zugluft fühlbar sei), es müsse „etwas offen sein". „Es ist alles offen" verteidigt er sich, meint also „es ist alles zu". —

„Die Sezessionisten unterstehen sich gar nicht, ein Glied wegzulassen" (M. v. Schw.). Gemeint war: „. . genieren sich gar nicht . ." —

„Es ist ja später . . früher ein Verhältnis zwischen ihnen gewesen" (O. Broch). —

„. . wenn einem der Semester zu kurz . . zu lang wird" (Rich. Heinzel). —

„. . keine plausible Erklärung bereits gefunden" (Me.). „bereits" für „noch".

„..ich kann ihr nichts Gutes.. ah! Schlechtes nach=
sagen" (Me.) —

Auf der medizinischen Facultät ist ein Diener namens
„Mann". Jemand will erklären, wer „Mann" sei und
sagt: „Das ist der Frau (statt Mann=Gemahl) von der
Wärterin bei Albert. (May. ref.). —

„.. nicht einmal historisch" sagt Mu. Aufmerksam
gemacht erklärt er „.. mehr als historisch" sagen gewollt
zu haben. —

„Oel ins Feuer gießen," sagte Custos Chmelarz,
wollte aber sagen „Oel ins Wasser". —

„voriges Jahr" für „nächstes.." (Heberdey). —

Oft denkt man wohl an eine antithetische Wendung,
wenn man sich so verspricht, daß man das Gegenteil von
dem sagt, was man sagen will. „In dem Gespräch mit
dem Geist ist Hamlet vollkommen verrückt," sagte Det.,
wollte aber sagen „vollkommen gescheidt". (Contamination
aus: „vollkommen gescheidt, gar nicht verrückt").

Von. sagte statt „sehr gerne" „sehr ungerne". —

Shakespeare, Kaufmann von Venedig, III. Akt. 2. Scene:
Porzia zu Bassanio:

„Halb bin ich euer, die andre Hälfte euer,
Mein, wollt ich sagen; doch wenn mein dann euer
Und so ganz euer." —*)

---

*) „One half of me is yours, the other half yours, —
„Mine own, I would say; but if mine then yours,
„And so all yours!"

G. Seltenere Erscheinungen.

Lautumstellungen bei Konsonantengruppen.

Umstellungen von Konsonantengruppen sind selten. Ich habe in mehreren Jahren eigentlich nur „Skenien" für „Xenien" gehört. Im Wiener Dialekt sagt man „Kschlaf" für „Sklave", denn die Lautfolge „skl" ist im Anlaute nicht üblich, wohl aber „kschl", z. B. „g'schlafen", „g'schliffen" u. a.

Auch bei „r" ist das Vorkommen der Umstellungen nicht oft nachweisbar. Vgl. die Fehler bei „r" unten und die verwandten Erscheinungen bei den Lesefehlern.

Lautausfall.

Die Sprachgeschichte hat sehr oft den Ausfall eines Vokals oder eines Konsonanten zu verzeichnen. Bei den Sprechfehlern sind solche Erscheinungen selten. Doch ist wohl auch das Deutsche nicht der richtige Ort, um solche Sachen zu studieren.

In den Endsilben findet sich genug Derartiges. Und hier korrigiert man sich auch oft nicht, weil man das Gefühl hat, man habe das Wort vollständig gesagt. Es lohnt sich nicht, diese Fälle der Unterdrückung der Endsilben zu sammeln, doch kann ich bestimmt versichern, daß sie häufig genug sind.

Vor der Accentsilbe ist in dem Wiener-Stadtdialekte der Schwund eines „e" in einigen Fällen durchgedrungen. Es heißt: „mpfehl' mich", „ntschuldigen!" oder auch „pfehl mich!", „tschuldigen!" —

Silbenausfall.

(Sieh auch unter Anticipation, Contamination und unter Dissimilation).

„Fiale" für „Filiale" (Dr. Bloch). —

„Induell .. Individuell" (R. Heinzel). —

„Superintent" für „Superintendent". (In Preußen Dialekt). —

„Erste Katorie" für „. . . Kategorie" (Reg.-R.). —

„Meine Vorlesung sinken nach und nach herab" (Me.) für „meine Vorlesungen sinken . . ." —

„Anarchisch . . . Anarchistisches" (Me.). —

„Aller Wahrscheinlich nach) . . . Wahrscheinlichkeit nach" (Me.). —

„Saz .. Situation" (Me.). Ein merkwürdiger Fall. —

„Wie geht es dem Pupenbauer .. dem Pupovaz beim Gussenbauer?" (May. ref.). Ist eine Anticipation. —

„Millijahren" für „Millionen Jahren" (Prof. Azruni) (Anticipation). —

„Im Stitut" für „im Institut" sagte ein Seminarist. —

„Ein Dektiv" für „Ein Detektiv" sagte Diener Blöch. —

„zusammenbringen" für „zusammenzuzubringen" (Albrecht). —

„Konversions .. sationslexikon (Mu.). —

„Istuto . . . Istituto Austriaco" (Me.).

H. Lautstottern.

(Siehe unten „r=Stottern".)

Es ist bekannt, daß man manche Sätze oder Laut= folgen mit Mühe spricht, langsam, gleichsam vorsichtig tastend. In denselben Fällen ereignet es sich auch, daß man wirklich stottert, doch ist es oft recht schwer, die Art dieses Stotterns genau zu fixieren. Zu meist besteht sie darin, daß ein Laut mehreremale hintereinander hervor= gebracht wird.

Umstände, unter denen langsames Sprechen oder Stottern eintritt:

1. Wenn mehrere Wörter oder Silben gleich be= ginnen. Hiebei ist zu bemerken, daß alle Vokale und Diphthonge als gleich gelten. Vgl. das bei den Aerzten zu diagnostischen Zwecken beliebte „in Ulm und um Ulm".

2. Häufungen von r und l, worüber unten gehandelt wird.

3. Wenn ein Wort mehrere gleich vokalisierte Silben hat.

4. Wenn nah verwandte Laute (namentlich schwierige) rasch aufeinanderfolgen.

Einen Fall habe ich genau beobachtet. Ich sagte „Sch . schriftsteller". Wenn man bedenkt, daß man „Schriftschteller" spricht, so wird man das doppelte Sch . sch ganz wohl begreifen. Hinter dem ersten Sch klingt das zweite bereits vor. Nun ist eine allgemeine Regel vorhanden, nach der ein Vor= oder Nachklang um so wirksamer wird, je ähnlicher er dem zu sprechenden Worte oder Laute ist. Ich denke, daß diese Beobachtung zur

Erklärung des Stolperns bei Wiederholung gleichwertiger Laute ausreicht.

Dieselbe Beobachtung habe ich dann noch öfter gemacht. Einiges davon findet sich unter dem folgenden verzeichnet.

Andere Beispiele:

„Unter der Tradition" (zu 1, 2 u. 3). —

„Die Tradition da." (zu 1, 3 u. 4). —

„Völkerwanderungsperiode," (zu 4 u. 2). —

„. . und ans Ohr verpflanzt," (zu 1 u. 2). —

„. . mir wär' mehr darum zu thun," (zu 4). —

„Dabei b . bleibt," Me. (zu 1 und 3). —

„Von Fa . Familie," Wilh. (zu 1). —

„. . . ihm in . ." —

„Itinerarien". —

„Er ist aber auch . ." —

„Die Distinktionszeichen" (zu 1, 3, 4). —

„Zu Caesars Zeit" (zu 1). —

„Sezessionisten" (zu 1 u. 4). —

„Antananariva" (zu 3). —

„Dämonologie"; dabei stolpert v. Andrian (zu 3 u. 4).—

„Diminutiva (zu 3 u. 4). —

„Sie sind" (zu 1 u. 3). —

„Was war Ihnen denn?" (zu 1). —

„. . Zu Du . . Olympia" (Me.) (zu 1 u. 4). —

„Was die f . f . Philophen der verschiedensten Länder" (Me.) (zu 1). —

„Wenn man ze . ze . zum Teufel nicht einmal mehr in Kappadozien trauen darf" (Heb.). —

„Die Di . Disziplin" (Me.). —

„herumhau . hausiert" (Me.). —

„Stude . dent" (Mu.). —

„auch im Aorist". —

„in die Details". —

„bei uns f . kommt das kaum je vor". —

„sind schon sehr viele". —

„mir ist es einfach". —

„Bi . Bibel" (Mu.). —

„zu viel Fülle". —

„Wir w . waren Freiwillige" (Me.). —

„. . . läßt sich jeden Tag sch . scheint's scheren" (Me.).—

„beobachtet" (Me.). Zur Erklärung diene, daß das zweite b bei uns meist zur dritten Silbe gezogen wird.

„ein N . Neger=Name". —

„Frühstückszeit". —

„der sogar gesch . scheidt scheißt." —

„v . verschiedener Fächer." —

„ein R . r . Ri . Roastbeef" sagte Mu. gestottert, weil „Rindfleisch" mit in Gedanken neben „Roastbeef" vor= handen war.

„Das — scheint's — wird's schon sein". —

„Die ph . philosophische Fakultät". —

„Seine Sch . sch . schüler sind nicht zahlreich" (Hof= rat Jagić. Broch ref.). Merkwürdiger Fall. —

„ftatt (‚ſchtatt‘) der ſcht . ſtenia ćtenija) (Jagić. Broch) reſ.). —

„und E . ethnographie“. (Jagić. Broch) reſ.) —

„m . manchmal“ (Me.). —

Der Grund, warum gewiſſe Sätze wirklich ſchwer zu ſprechen ſind, läßt ſich alſo vielfach angeben. Die Sprech= kunſtſtücke zeigen die angeführten Schwierigkeiten. Man vergleiche:

Zwiſchen zwei Zwetſchkenbäumen zwitſchern zwei Schwalben.

In einem Garten ſpielten Garden zwiſchen Karden Karten.

Kleine Kinder können keine Kirſchenkerne krachen.

Unſer alter Topfdeckel tropft.

Detektivtaktik.

Der Vormitternachtsnachtwachter und der Nachmitter= nachtsnachtwachter.

Ein rotjankleter Jud.

Die Sonn’ ſcheint ſchon ſchön.

Mit einem Satze, deſſen Kenntnis ich V. Michels Indogermaniſche Forſchungen IV. S. 60 verdanke, habe ich das Experiment gemacht. Ich ſagte mehreren Herren vor:

„Die Katze tritt die Treppe krumm.“

Folgende Reſultate kamen zum Vorſchein:

„Die Katze tritt die Kreppe . . Treppe krumm“ Abl. Er verſichert, er habe ſagen wollen: „die Kreppe krumm“.

Genau ſo verſpricht ſich zweimal Reg.=R.

„Die Katze tritt die Treppe krumm" sagt v. Lieder zweimal.

Olaf Broch teilt mir ein dänisches Sprechkunststück mit: Petter putter pepperkern i pepperkvœrn.

Dissimilationen.

Diese können vorläufig nur hypothetisch angesetzt werden. Ein Laut, der mehrfach vorkommt, ist der Gefahr ausgesetzt, an einer Stelle unterdrückt zu werden. Vgl. auch unter Lautstottern und unter r-l-Dissimilationen.

„Einer hat schon ganz raue Haare gehabt" für „ . . graue . . " (Mu.). —

„Die Freue des Coitus" für „die Freude des Coitus" (Me.). —

May. sagte: „ . . politieren sie . . " für „ . . politisieren sie." Gleich darauf sagt Mu.: „Das Politieren in den südlichen Gegenden . . " für „ . . Politisieren . . " Nachklang bei Mu. ist nicht sicher, weil er auf Befragen angiebt, den Sprechfehler bei May. gar nicht gehört zu haben. —

„Die Utopien der Ozialisten" für „ . . Sozialisten" (Andr. dix. May. ref.). Nicht korrigiert. —

„Sind das Ziter . . (gesprochen: Tsitér . .) Zisternen?" (Me.). Ich weiß genau, daß ich sonst nichts fragen wollte. Das t für st kann also wohl nur Dissimilation sein durch „Sind" und „Zi —". —

Ich sagte „darunten" für „da drunten". —

„weil sie gar so geitlos ist" für „ . . geistlos" sagte

Mu. ohne zu korrigieren. Er ist sich des Fehlers be=
wußt, meint aber, ein Bissen im Munde habe ihm un=
möglich gemacht das ſ zu sprechen. Die Erklärung ist
falsch, weil sonst das t von „geistlos" nicht erschienen
wäre. —

„Das war ein Fëttag" für „ . . Festtag" sagte ich. —

„Schnas von G'sang" (Me.) für „Gschnas von
G'sang." —

„tende . . tendenziös" (Me.). Ich weiß, ich konnte
im Augenblick das zweite n nicht leisten, n=Dissimilation? —

Bei uns hört man sehr oft „Zene" für „Szene". —

Professor W. Meyer=Lübke teilt mir mit, daß er
schon oft „zum Beipiel" für „zum Beispiel" gehört hätte.
Er hatte den Fehler auch bei mir bemerkt. Ich be=
obachtete ihn dann mehrfach bei anderen. Meyer=Lübke
hat aber noch nicht gehört, daß man auch „Beipiel" allein
sage. —

Ich habe als Kind nur „franzöisch" gehört und dar=
nach auch gesagt.

„Tacius" für „Tacitus" (Dr. Podhorsky).

I. Sprechfehler bei r und l.

Eine besondere Aufmerksamkeit verdienen die Sprech=
fehler bei r und wohl auch bei l. Man weiß, welche
Schwierigkeiten der r=Laut macht, und daß ihn manche
nie korrekt sprechen lernen.

Die Schwierigkeit des r bedingt es, daß gerade dieser
Laut den Sprechenden am leichtesten ermüdet. Kein Laut

drängt sich so häufig wie dieser zu früh ins Bewußtsein, und es ist bekannt, daß man r-Wörter am besten benutzt, um leichtere Sprachstörungen zu konstatieren. Man läßt den Kranken sagen: „dreiunddreißigste Reiterschwadron", „dritte reitende Artilleriebrigade" und Aehnliches. (Moebius, Diagnose der Nervenkrankheiten, S. 35).

Ganz Aehnliches gilt von l. Mn. erzählt, ihm habe als Slovenen die Wortfolge „silberklare Wellen" die größten Schwierigkeiten gemacht.

Die Sprechfehler bei r und l lassen sich so gruppieren:

1. Metathesen. Ich selbst habe zwar nie etwas Derartiges gehört, also etwa „Drust" für „Durst", „garben" für „graben", aber es ist doch möglich, daß solche Fehler sich finden, wie sich unten herausstellen wird. Die Psychiater erzählen, daß die Kranken „Feilsch und Bort" sagen. —

„Rente" für „Ernte" berichtet v. Stscherbatskoi von sich selbst. Der Fall ist nicht sicher, weil bei ihm als Gutsbesitzer „Ernte" und „Rente" sich leicht associieren, also Möglichkeit der Substitution vorliegt.

Adler sagte einmal „Kronau" für „Kornau" (Name eines Schauspielers). Auch der Fall ist nicht sicher, weil der Name einer Adl. bekannten Schauspielerin „Friederike Kronau" mitgewirkt haben kann.

2. Vorklänge, Anticipationen. r, l wird zu zu früh gesprochen. Später bleibt es dann an seiner Stelle oder wird weggelassen. An seiner neuen Stelle erscheint es anstatt oder neben dem alten. r, l springt

aus einer Silbe an dieselbe Stelle einer ähnlichen Silbe.

„Mit dem Gedranken .. Gedanken vertraut gemacht (Me.). — „.. nachdrenken drüber" für „.. nachdenken .." (Me.). —

„Brunsenbenner" für „Bunsenbrenner" (Me.). —

Aus „Kavallerist" wird „Kravallerist". Flieg. Bl. Bd. 97 S. 187.

„Sie fühlt ... führt ein Bildungsbedürfnis zu mir" (Me.) —

„Quelksilber" für „Quecksilber" (8=jähriges Mädchen. May. ref.). —

„Er (es war die Rede von Adolf Noreen) glaubt an keine Abrautreihen" (Me.). —

„rauter .. lauter rote" (Me.). —

„Wer krümm .. kümmert sich darum!" sagte R. Heinzel; er wollte gewiß „krümmert" sagen. —

„schäbri .. schäbigere" (Me.). —

„Sie leben .. reden am liebsten" (Me.). —

„Plo .. Problēmdichter" (Me.). Anlaut des Wortes gleichwertig mit Anlaut der betonten Silbe. —

„.. kann man sich keinen ble ... besseren Platz wünschen" (Mu.). —

„Klochen .. Knochensplitter" sagte ich zweimal. —

Einer unserer Lehrer (Neumann) sagte: „Cicero stand an der Spritze von Rom" für „.. an der Spitze .." —

„An dem Tische dritzen nur drei" für „.. sitzen .." (Bon.). In diesem Falle klingt der ganze Anlaut vor. —

„Könntest aber droch .. doch droben .. " (Me.). —

„In der Not fließt ... frißt der Teufel Fliegen" (oben.). —

„ .. die Diagro .. Diagnose richtig ist." —

Aehnlich ist im Russischen aus ‚Material' marterjalú geworden, und statt „Tataren" kann man sehr oft „Tar= taren" lesen und hören.

3. Nachflänge, Postpositionen. r springt an dieselbe Stelle einer späteren Silbe.

Wie bei den Vorklängen kommt es auch bei den Nachklängen des r vor, daß das r an seiner ursprüng= lichen Stelle bleibt. Es hat sich also vervielfältigt.

„Wabretz" für „Wrabetz" (Me.). —

„Klabriaspatric" (Stucci). r ist von der zweiten in die letzte Silbe (und hat das r der vorletzten unter= drückt?) —

Feo sagte „Schönererianer", ein Nachklang. Unser Wort „Schönerianer" ist aber dissimiliert aus „Schöner= erianer." —

„Ein größeres Lesegra .. Leseglas" (May. ref.) —

„Bringst alles leicht lau .. raus" (Me.)

„Daß die Verhältnisse sich so stark gestartet .. ge= staltet haben" (Mowsesianz, Armenier). —

„Und daß das Thal ein bissel blei .. breiter ist" (Me.). Hier haben sogar auslautende l auf anlautendes r gewirkt. —

„tritt er endrich .. endlich auf" (Me.). —

„mit der Kreisragd .. jagd" (Me.) —

„erforglos" für „erfolglos" (Me.). Bemerkt aber nicht korrigiert. —

„ . . der, der grüßt mich zum Grü . . Grü . . nicht" Mu. wollte sagen „zum Glück", gab es aber nach zwei= maligem Stolpern auf. —

„ . . hat er gestrichen und andre Sachen hinzugefrü . . fügt (Mu.). —

Wie richtig die Witze oft Erfahrungen wiedergeben, möchte ich an einem, scheinbar komplizierten Beispiele dar= legen, das dem Anscheine nach von einem sehr feinen Beobachter herrührt.

Er findet sich in den „Fliegenden Blättern" Bd. 99 (1893) S. 197. Es handelt sich um das Wort „Gams= frickelkrügeldeckel". Jemand macht daraus „Grams — Gamsgickfrickeltreckl", der zweite „Jemsfrickfrüjeldeckel". Das heißt, der erste anticipiert die r des 2. und 3. Wortes und setzt sie an dieselbe Stelle des ersten Wortes. Er spricht also „Grams—", erkennt aber seinen Irrtum und fängt richtig an „Gams—", sagt aber „gickl", weil er das r schon in „Grams—" verwendet hat. Er fährt fort „frickel—", d. h. er setzt den Auslaut des vorhergehenden Wortes an Stelle des zu sprechenden und übernimmt dann r wieder von dem vorletzten Wort in das letzte in den Anlaut. Der zweite Sprecher, ein Berliner, läßt das J von „Jems—" nachklingen und setzt es an die Stelle der anlautenden f der beiden nächsten Wörter.

4. Vertauschungen von r, besonders mit l sind häufig. Hier sind sehr merkwürdige Beobachtungen zu

machen. Die Czechen sagen häufig: „Prular" für „Plural",
„Kernel" für „Kellner", „Kralinett" für „Klarinett",
„Kalorine" für „Karoline", „Tilorer" für „Tiroler"*),
„Karamad" für „Kamerad".

„Pru . . . Plural" habe auch ich in einer Vorlesung
mehrmals gesagt; bei anderen Gelegenheiten sagte ich „Pala=
rytiker" für „Paralytiker", aber ich glaube nicht, daß ich
„Prular" gesagt hätte, sondern „Prural".

5. Assimilationen.

Vgl. oben unter Anticipationen und Postpositionen.

„rauter .. lauter reiche Leute" (oben). —

„der blaucht lang" für „. braucht ." (Me.) —

Ich erzählte Dr. v. Grienberger einen Witz. Er sagt:
„Das ist ein sehr guter Vergleich". Ich sage: „Das ist
glo .. großartig". „glo .." ist Assimilation an das eben
gehörte „Vergleich". —

6) Das r= und l=Stottern.

Es ist eine bekannte Thatsache, daß Kranke den r=Laut
öfter sagen, als er zu sprechen wäre. Sie sagen z. B.
„Drittende reitende Rartrillleriebrigade". Möbius, Allg.
Diagn. der Nervenkrankheiten S. 35.

Während also der Gesunde geradezu eine Abneigung
hat, mehrere r oder l hintereinander zu gebrauchen, er=
scheinen diese beim Kranken noch vervielfältigt. Aber man
kann auch beim Gesunden solche Beobachtungen machen.
Wenn man ein Wort mit mehreren r oder l zu sprechen

---

*) Dr. Kramař versichert mir, daß er einmal mehrfach hinter=
einander „Tilorer" gesagt hat.

hat, tritt leicht r= und ſ=Stottern ein. (Vgl. unten bei
den Leſefehlern), oder man ſpricht langſam und mit An=
ſtrengung, z. B.:

„Phil . l . lologie". —

„Plauſiblere Gründe". —

„Fr . riedrich der Große". —

„Wird er der l.l. Einladung des Bühler folgen" (Mü.).—

„Lauter reiche Leute". —

„in flagranti". —

Darnach hat man gewiſſe Sprechkunſtſtücke erfunden,
wie ſie wohl in allen Sprachen vorhanden ſein dürften.

Z. B.: „Fiſchers Fritz ißt friſche Fiſche; friſche Fiſche
ißt Fiſchers Fritz". Hier ſind die Schwierigkeiten be=
ſonders raffiniert zuſammengeſtellt, weil die Ziſchlaute und
das immer wiederkehrende i noch mehr zu Entgleiſungen
verlocken.

Hofrat Bühler macht mich auf „a truly rural country"
aufmerkſam.

„Dreiunddreißig römiſche Reiter ritten über die Prager
Brücke".

„Ein Reißender (Bild zeigt einen Löwen), der einen
Mann frißt), der einen Reiſenden, der in Reis reiſt, zer=
reißt". (Flieg. Bl. Bd. 99 1893 S. 131.) —

7. Diſſimilationen.

Leichte. r zu l (oder l zu r).

„. . . aus leicht begleiflichen Gründen" für „. . be=
greiflichen .." (Bon.). Hat ſich gr . . wegen des folgen=
den Anlautes zu gl . . diſſimiliert; oder iſt gl . . Nach=

klang von „leicht?" Mehrere Monate später habe ich
denselben Fehler gemacht. —

„Im hellen leuchtenden Sonnenkranze . . . glanze"
(Me.). —

„Kravierlehrer" für „Klavierlehrer" (Vondr.). —

Die Slovenen haben aus r ein l gemacht in Chor=
hel = „Chorherr" ?c. —

Schwere. r wird ganz unterdrückt (auch l).

„A popos, Fritz!" für „A propos, Fritz!" (Von. ref.) —

„Fiegelnadel" für „Fliegennadel" (Heb.). —

Dr. Th. Bloch spricht sich leise die Goethe'schen Verse
vor (denkt sie):

> „Euch ist bekannt, was wir bedürfen,
> Wir wollen starke Tränke schlürfen,
> So braut mir unverzüglich dran."

Statt „braut" dachte er aber „baut" (Bloch ref.). —

„zweifü". . flüglige" sagte ich von einem Gegenstande
mit zwei Flügeln, wollte also sagen „zweiflüglige", korri=
gierte aber. —

„Spiegelbid . . Spiegelbild der Welt". Ich habe den Fall
an mir genau beobachtet; ich sagte „ . bit" mit kurzem i. —

Trotzdem ich seit Jahren auf Sprechfehler achte, habe
ich keine andern als die angeführten Arten entdecken
können.*) Nach meinen bisherigen Erfahrungen kann ich
zusammenfassend nur folgendes sagen:

---

*) Zu behaupten, daß es keine anderen giebt, fällt mir nicht
bei. Aber die verzeichneten sind die normalen Fehler sozusagen.
Wenn man durch ausgiebige Zeiträume solche Untersuchungen fort=
setzt, werden sich jedenfalls genauere Aufschlüsse ergeben.

Fast alle unsere Sprechfehler gehen aus Störungen der anreihenden Thätigkeit unseres Intellekts hervor. Wenn Wörter oder Laute verschoben werden, so geraten sie an einen funktionell ähnlichen Posten. Ist der Posten funktionell (grammatisch) verschieden, so gilt als Regel, daß das verdrängende Wort die Form des verdrängten erhält. Die Auslassungen sind Entgleisungen, meist dadurch veranlaßt, daß frühere und spätere Satzteile gleich oder sehr ähnlich sind. Eine Entgleisung ist auch durch Aehnlichkeit möglich, wenn ein anderes ähnliches Wort nahe unter der Bewußtseinsschwelle liegt, ohne daß es gesprochen zu werden bestimmt wäre. Das ist der Fall bei den Substitutionen.

So hoffe ich, daß man beim Nachprüfen meine Regeln wird bestätigen müssen. Aber dazu ist notwendig, daß man (wenn ein anderer spricht) sich Klarheit darüber verschafft, an was alles der Sprecher gedacht hat. Hier ein lehrreicher Fall. Kassendirektor Li. sagte in unserer Gesellschaft: „Die Frau würde mir Furcht einlagen". Ich wurde stutzig, denn das l schien mir unerklärlich. Ich erlaubte mir, den Sprecher auf seinen Fehler (einlagen" für „einjagen") aufmerksam zu machen, worauf er sofort antwortete: „Ja, das kommt daher, daß ich dachte: ich wäre nicht in der Lage" u. s. f.

Ein anderer Fall. Ich frage R. v. Schiv., wie es seinem kranken Pferde gehe. Er antwortet: „Ja, das braut .. dauert vielleicht noch einen Monat". Das

„draut" mit seinem r war mir unverständlich), denn das
r von „dauert" konnte unmöglich so gewirkt haben. Ich
machte also R. v. S. aufmerksam, worauf er erklärte, er
habe gedacht, „das ist eine traurige Geschichte". Der
Sprecher hatte also zwei Antworten im Sinne und diese
vermischten sich.

Ein dritter Fall. Dr. Grünb. sagte „Anthri .. An-
thropologische Gesellschaft". Das i von „Anthri .." war
mir ganz unklar. Es stammt wohl von „Andrian", denn
Frhr. v. Andrian-Werburg ist der Präsident der Gesellschaft in Wien und von ihm war auch vorher die Rede.

Meine Resultate sind — möchte ich glauben — nichts
weniger als auffallend. Es könnte eher scheinen, daß sie
nicht mitteilenswert sind.

Die Sprechfehler stehen nicht ganz allein da. Sie
entsprechen den Fehlern, die bei anderen Thätigkeiten des
Menschen sich oft einstellen und ziemlich thöricht „Vergeß-
lichkeiten" genannt werden. Man will z. B. den Feder-
stiel in den Mund nehmen und mit der Cigarre schreiben.
Mir selbst ist folgendes passiert. Ich will fortgehen, will
also die Lampe des Vorzimmers ausblasen und die Thür
öffnen. Dabei fällt mir aber ein, daß ich zuerst die Thür
(auf den beleuchteten Flur) öffnen muß, um nicht im
Finstern herum zu tappen. Ich öffne also die Thür und
blase dort die in der Mundhöhle bereits zum Lichtaus-
blasen komprimierte Luft hinaus! Dabei muß ich bemerken, daß ich gar nicht „vergeßlich" oder „zerstreut"
bin, was mir Mayer gewiß bestätigt.

Auch diese Dinge sind bis jetzt bloß als Witze bekannt und beachtet.

K. Fälle des stillen Versprechens („Verdenken").

Man könnte auch von einem „inneren Versprechen"
„inneren Sprechfehler" reden. Ich verspreche mich in
Gedanken namentlich vor dem Einschlafen gar nicht selten.
Bei einiger Aufmerksamkeit und Selbstschulung wird das
jedermann leicht auch an sich wahrnehmen können.

„Spahnenhorndorn" für „Hahnensporndorn" (May.
s. oben). —

„Herr von Eim" für „ . . Heim" (Me.). —

> „Euch ist bekannt, was wir bedürfen,
>
> Wir wollen starke Tränke schlürfen,
>
> So baut (für „braut") mir unverzüglich dran."
>
> Dr. Th. Bloch.

Mayer sagt sich still die bekannten Goethe'schen Verse
vor: „Jeden Nachklang fühlt mein Herz früh . . früh . ."
ohne weiter kommen zu können. Er erzählt den Fall und
wird aufmerksam gemacht, daß es heißt: „froh und trüber
Zeit". Anticipation.

Ich dachte einschlafend „dünken" für „tünchen" Substitution. U. s. w. —

Die Kategorien sind dieselben wie beim lauten Versprechen.

III. Wie man sich verliest.

Hier werden einige Bemerkungen über die Mechanik des Lesens am Platze sein.

Man hat von verschiedenen Seiten angenommen, daß man buchstabierend lese. Das scheint mir gewiß ein Fehlschluß zu sein. Das allbekannte Uebersehen von Druckfehlern genügt, ihn als das erscheinen zu lassen.

Volle Gewißheit erlangt man durch genauere Beobachtung. Man kann finden, daß der Vorlesende irgend ein Wort durch ein, dem Gesichtsbilde nach ähnliches, sinngemäßes ersetzt und daß er die Substitution gar nicht merkt, es sei denn, daß die Substitution nicht vollkommen sinngemäß war.

Bo. las ruhig „Herr" für „Mann". —

X. „Sekunden" für „Stunden". —

„Welt" für „Zeit". —

„Gelds" für „Golds". —

„jetzt" für „jeht". —

„Sturm" für „Strom". —

„kann" für „soll". —

Weiter wurde gelesen:

„An" für „von" ohne Korrektur,

„mitgethan" für „mitgemacht",

„Effekt" für „Affekt",

„dünkt" für „däucht",

„natürlichstem (Wege)" für „kürzestem W.",

„Sachen" für „Dinge" ohne Korrektur,

„ihm" für „diesem",

„Antlitz" für „Angesicht" ohne Korrektur.

u. s. w. Siehe unten bei den Substitutionen.

Die angeführten Fehler beweisen auch, daß die Herren, welche sie machten, obwohl Nichtdeutsche, so doch des Deutschen vollkommen mächtig sind, was ich hervorhebe, um jeden Zweifel in das später beizubringende Material von vornherein zu entkräften.

Mir geschah es, daß ich bei mehrmaligem Lesen eines Aufsatzes von Gust. Roethe an einer Stelle immer „Tücke des Schicksals" las, wo „Tücke des Objekts" stand. Mir war nämlich damals Vischers Roman „Auch Einer" noch nicht bekannt.

Rasches Lesen des Gebildeten ist nicht buchstabierend, sondern wird durch gewisse Wortschriftbilder überhaupt erst möglich, da diese das baldige Erkennen und Verstehen des geschriebenen oder gedruckten Wortes sehr beschleunigen.

Die Lesefehler der Gesunden zeigen viel Aehnlichkeit mit den Sprechfehlern. Man bemerkt Vertauschungen, Anticipationen, Postpositionen, Contaminationen, Substitutionen, Lautumstellungen, Dissimilationen u. a.

Für fast alle diese Erscheinungen gelten beim Lesefehler dieselben Regeln wie für den Sprechfehler. Auch bei diesem Kapitel habe ich nur Beobachtungen aus dem Deutschen zu meiner Verfügung.

K. Rieger hat schon 1884 sein Bedauern darüber ausgesprochen, daß die Lesefehler der Kranken bis jetzt nicht außerhalb des Deutschen studiert seien. Ob das sich unterdessen etwa geändert, ist mir nicht bekannt geworden.

α) Die Lesefehler der Gesunden.

Ich möchte zuerst einige charakteristische Lesefehler eigener Sammlung bei Gesunden geben.*)

Dr. Th. Bloch las: „Er fabelte gewiß in halben Zügen . ." (Faust.), statt „. . in letzten Zügen, wenn ich nur halb ein Kenner bin". —

Ein Hörer las statt: „Laßt mich's nicht denken", „Laßt mich nichts denken". (Hamlet überj. Schlegel).

In einer Lesestunde mit Hochschülern, Nichtdeutschen (Lesestoff Hamlet von Shakespeare) kamen nur folgende Fehler vor:

„. . weibliche" für „. . wirblichte",

„ich" statt „ihr",

„mir" statt „mich",

„Freund" statt „Fremden",

„däucht" für „dacht",

„was" für „wies".

Statt „In Lustbarkeit zu ziehn" las X: „In Li—ustbarkeit zu ziehn . .". Ich vermute, er anticipierte das i von „ziehn" und wollte „Listbarkeit" sagen; durch Korrektur kam dann der Doppelvokal zum Vorschein.

In einer zweiten Stunde erschienen die folgenden

---

*) Das was F. Kraemer „Untersuchungen über die Fähigkeit des Lesens bei Gesunden und Geisteskranken" Diss. S. 3—6 giebt, ist allzu dürftig, um darauf bauen zu können.

Fehler, sämtliche aus Hamlet, alle vom selben Hörer (X, Nichtdeutscher).

„Schatirische" für „satirische (Schuft)".

„was" für „womit es".

„bich" für „bin ich",

„kaltes" für „kahles",

„verspäteter (Hause)" für „verpesteter (Hause)",

„singen" für „singen",

„will" für „siel",

„dann" für daß".

Die Aerzte werden diese Lesefehler bei einem nor= malen jungen Mann auffällig finden. Die Korrektur er= folgte meist sofort. Vgl. die folgenden Stunden, wo X noch mehr leistete.

Dritte Stunde, derselbe Leser (X). Hamlet.

„Dich" für „Euch",

„vor—zwitzig" für „vorwitz'ger",

„Weltgebau" für „Weltgebäu",

„Faulnis" für „Fäulnis",

„geflinkter" für „geflickter (Lumpenkönig)",

„feisten eingebrüst'gen Zeit" für „feisten engebrüst'gen."

„gesunden" für „geduns'nen",

„ganzen" wurde ausgelassen,

„die Vogel" für „die Vögel",

„nicht" für „mich".

Der Hörer hatte also an diesem Tage eine merk= würdige Abneigung gegen die Umlaute.

Vierte Stunde. Derselbe Leser (X). Hamlet.

„Denkt Ihr, ich hätte erbäuliche Dinge im Sinne?"

„Aengstigt" für „ängstet",

„Mäusefalle" für „Mausefalle",

„tänzen sähe" für „tanzen sähe",

„Dämon" für „Damon",

„wolltet" für „solltet". —

Ein anderer Zögling las: „Weiberfrucht" für „Weiber=
furcht",

„Lust" für „Lust",

„Fremde" für „Freude".

Fünfte Stunde.

„Unser" für „unter",

„Gedanken" für „Gedankens",

„solche" für „sollen solche".   Alles von X.

Sechste Stunde. (Leser X).   Hamlet IV. Akt.

„Wahnes Witze" für „Wahnes Hitze",

„Einsäugt" für „einsaugt" (X).

„solche" für „lose" (X).

„verzweifeltes" für „verzweifelt".

„wird" für „mit" (X).

„Leb" für „Lebt" (X).

„es" für „er".

„pflichtgemäß" für „pflichtmäßig".

„Das" für „Dies" (X).

„der uns mit Denkkraft schruf" für „. . schuf" (X).

„stet" für „stets" (X).

„Frän" für „Fräulein" (X).

„un" für „nun" (X).

„Lebensopfer" für „Lebensopfrer".

„Denn traut lieb Fränzel ist all meine Lust" liest X sehr langsam und tastend.

„Es" für „Er" (X).

„seine" für „seiner".

„zuviel" für „viel zu".

„befördern" für „fördern".

„sei" für „sei's".

„Sind wir alle wieder da" für „Sind sie ..."

„er" für „es".

Siebente Stunde.

„eine Maurer" für „ein ...".

„Der Zä ..." für „der Schädel hatte einmal eine Zunge" (X).

„und" für „der" (X).

„wann" für „wenn" (X).

„Pratiken" für „Praktiken" (X).

„Thätlichkaten zu belangen" für „Thätlichkeiten .."(X).

„Anlassungen" für „Auflassungen" (X).

„nur" für „nun" (X).

„erkäuften Gütern gewähren" für „erkauften.." (X).

„Biesfaß" für „Bierfaß" (X).

„Und das Bestreun mit jungfräulichen Bläu ... Blumen" (Pa.). —

Achte Stunde. Hamlet.

„dir" für „ihr" (X).

„Ich setzte mich, senn einen Auftrag auf" ... für „Ich ..., sann ... aus ..." (X).

„liegt's mir's jetzo nah genug" für „liegt's mir.." (X).

„mir" für „mit".

„Ich deuch ergebenst, Herr" für „ich dank Euch." (X)

„wenn ein Thür Fürst der Tiere ist" für „wenn ein Tier .." (X).

„von den vortrefflichsten Aufzeichnungen" für „.. Aus= zeichnungen (X).

„auszudrücken, nur kein Spiegel..." für „.. sein .." (X).

„drei vor Euch voraushaben soll" liest Bor. sehr langsam und mit Anstrengung.

„In Bereitschaft sein ist alles" macht X sichtliche Schwierigkeiten.

„Get" für „Gebt" (X).

„Ha! laßt die Thüren schließen!" für „.. laßt .." (X).

„blutschänderischer verrächter Däne" für „.. ver= ruchter .." (X).

„auch" für „nach"; forrigiert (X).

„verfehlt" für „verhehlt" (X).

„Urteil" für „Unheil" (X). —

Neunte Stunde. Gottfried Keller: Sinngedicht.

„Ich kam vor .. von der Idee zurück" (Pa.).

„Verkäufsräume" für „Verkaufsräume" (X).

„färbigem Leben" für „farbigem Leben" (X).

„sich mittlerweise" für „sich mittlerweile" (X).

„Sefunden" für „Stunden" (Wird nicht forrigiert! X).

„zumal" für „zu Mut" (X).

„wüßte" für „müßte" (X).

„vor das Thos hinaus" für „.. Thor .." (X).

„häusrätlichen" für „hausratlichen" (X).

„aufzahlen" für „auszahlen" (X).

„Herr" für „Mann". Bleibt ohne Korrektur! (X).

„Ein niederes vierrädriges Kärten" für „.. Kärrchen" (X. Bleibt ohne Korrektur!).

„manchmal" für „lange" (X. Nicht korrigiert). X korrigiert überhaupt selten und liest mit monotonem Sing= sang, ist aber von dem Inhalte immer sehr bewegt. —

Zehnte Stunde.

„hätte" für „hatte" (X).

„fröhlichem Lä .. Lachen" (X).

„Ihnen in mir" zu lesen macht X Schwierigkeiten. Er stolpert mehrfach. —

„perspektiven" für „perspektivischen" (X).

Bei „wiederholen wird" stolpert X wieder.

„körperlichen Uebungen, Flechten" für .. Fechten" (X).

„Tischgesche .. gesellschaften" (X).

„ernsterer" für „ernster" (X).

„küßte ihn henstig auf den Mund" für „ .. heftig" (X). Lesestoff Gottfried Keller.

Elfte Stunde. Shakespeare, Julius Caesar.

„In Eurer Eil" liest Bo. sehr langsam.

„von den beiden" für „besten" (X).

„geb ich Acht auf Euch" macht X Schwierigkeiten.

„Ehre ist der Enhalt .. Inhalt meiner Rede" (X).

„brüllt auf uns ein" macht X Schwierigkeiten.

„Der stolzen Wert .. Welt" (X).

„Euer" für „Eurer" (X).

„es fasse in einem" für „in seinem" (X).

Worüber rauchzten .. jauchzten sie" (X).

„anbelangt" für „anlangt" (X).

„ich bin schon versorgt" für „ . . versagt" (X).

„größten" für „großen" (X).

„Ehrfurcht" für „Ehrsucht" (X).

„Wir sturzen bald ihn oder dulden Alles" für „Wir stürzen . . " (X).

„Des Blitzes schlängelnd Blau" macht X große Schwierigkeiten.

„Ausspruch" für „Ausbruch" (X).

„unsrer Vater Geist" für „Väter . . " (X).

„noch eh'rne Männern" für „ . . Mauern (X). —

Zwölfte Stunde. Julius Caesar.

„Ich kann nicht aus der Stern . . . der Höh' der Sterne raten".

„Verschmäht die nädern .. niedern Tritte" (X).

„im s' Fenster suchte" (X).

„Er würschet Euch zu sehn" (X).

„Was stellen sich für schwache . . . wache Sorgen zwischen".

„ich" für „ihr" (X ohne Korrektur).

„alle" für „allen" (X).

„Gaut dem entgegen" für „Ganz . . . " (X).

„ihn schon" für „schon ihn".

„Sorg' ein Hin erfüllt" für „ . . Hirn . . ".

„Teil mir die Unsach' deines Kummers mit" für „ . . Ursach . . " (X).

„Entblößt umherzugehen und einzusäugen" für „ein=
zusaugen" (X).

„Fieberlust" für „Fieberlust" (X). Auch dieser Fehler
nicht korrigiert!

„Zueignung für „Zuneigung" (X).

„mein trauernd Herz sich hängen" für „... drängen" (Pa.).

„Starke härt" für „Stärke hart" (X).

„ein" für „mein".

„bei mir" für „mir bei" (X).

Dreizehnte Stunde.

„Cäsar, Cäsar, Gnade! Auch Cassius fällt zu Füßen
dir, Begnädigung .." (X) für „.. Begnadigung .."

„Geht auf die Rednerbü .. brü .. bühne Brutus!"

„Welt" für „Zeit" (X ohne Korrektur).

„Ich beu .. bin euch allen Freund" (X).

„Das um Bestättung ächzt" für „, .. Bestattung .. (X).

„sirch .. sichres Rom" (X).

„des Brutus .. Caesar Liebe zum Caesar" für „des
Brutus Liebe" (Bo.).

„als" für „alle als" nicht korrigiert (Bo.).

„daß er voll Herrscherjucht war" für „Herrschsucht" (X).

„schwer hat Cäsar euch dafür gebüßt" für „...
auch .. " (X).

„Die Herrschsucht sollt' aus härterm Stoff bestehn.
Doch Brutus sagt, daß er voll Errschsucht war". Nicht
korrigiert (X).

„Ich dreimal ihm die Kro .. Kro .. Königskrone
bot" (X).

„die Walt sich wiedersetzt: nun liegt er da" für „die Welt . . ." Nicht korrigiert (X).

„Noch euinnr' . . erinnr' ich mich" (X).

„Schaut her, wie ihm das Blut des Cäsar folgte, als stülzt' es vor die Thür, um zu erfahren" für „ . . stürzt . . " (X). Nicht korrigiert! —

„war's Cäsar's Engel" für „war Cäsars Engel" (X).

Vierzehnte Stunde. Julius Caesar.

„und seug' . . sag' euch . . " (X).

„neugepflänzte Gärten" für „neugepflanzte . . " (X). Nicht korrigiert.

„Das Glück ist aufgeraumt Und wird in dieser Laun' uns nichts versagen" für „ . . das . . aufgeräumt" (X).

„Hat um das große Recht . . ah, um das Recht der große Julius nicht geblutet" (Bo.).

„Gedenkt an Euer Hal, reizt mich nicht länger!" für „ . . Heil . . " (X). Nicht korrigiert.

„Um eine Summe Gelds" für „ . . Golds". Nicht korrigiert (Bo.).

Fünfzehnte Stunde. Julius Caesar.

„jetzt" für „setzt". Nicht korrigiert. („Messala, setzt, ich habe Brief' empfangen").

„Weiter besser . . weit besser ist es" (X).

„Sturm" für „Strom". Nicht korrigiert („Und müssen, wenn der Strom uns hebt, ihn nutzen") Bo.

„Dein böser Gei . . Engel, Brutus". Pa. wollte offenbar „Geist" sagen, weil dieser spricht.

„Hier uns anmahnen" für „uns mahnen". Pa.

„Hönig" für „Honig" (X).

„So kostet rötre Tropfen der Erweis" macht Pa. namentlich bei den letzten zwei Worten Schwierigkeiten.

„Nun mein edler Bruder" für „. . Brutus (X). Nicht korrigiert.

„Ergib ich mich" für „Ergeb" Pa. Nicht korrigiert.

„Herr, Statilius zeigte das Flackellicht" für „. . Fackellicht". Nicht korrigiert.

Sechzehnte Stunde. Shakespeare: Heinrich IV. I. Teil. —

„zu jagen jede Heiden" für „. . jene . .". Nicht korrigiert.

„Der Teufel kann froh werden" für „. . soll . ." Nicht korrigiert (X).

„unsres" für „eures" X. Nicht korrigiert.

„freundlich" für „feindlich" X. Erst auf Aufforde= rung korrigiert.

Eine Anzahl anderer Fehler konnte ich leider nicht momentan fixieren.

Siebzehnte Stunde.

„was ich euch gestern sagte" für „was ich euch gestern Abend sagte". Korrigiert. Pa.

„getröstete Eier" für „geröstete . ." Pa. Nicht korrigiert.

„Homo ist mein Name, der allen Menschen gemein ist" für „Homo ist ein . . ." (X). Nicht korrigiert.

„die bartherzigen Bösewichter" für „hartherzigen . ." Korrigiert auf Aufforderung (Bo.).

„Schreit der Trunkenbold" und „Talgklumpen" macht
X Schwierigkeiten.

„Stunde" für „Sünde" (X). Ohne Korrektur.

„hürtig" für „hurtig" (X). Nicht korrigiert.

„war ich nicht um den .. war ich um den Leib
nicht so dick" (Bo.).

„Hüfnägel" für „Hufnagel" (X).

Achtzehnte Stunde. Noch immer Heinrich IV.
I. Teil.

„Mich absetzen? Du es halb ... ah! Wenn du
es halb so gravitätisch und majestätisch machst" (Bo.).

„Worin ist er gut, als er im Seft kosten ... als
im Seft kosten" (X).

„ein so redlich Gesicht" für „ein redlich Gesicht"
(X). Nicht korrigiert.

„Die Herden Schrein seltsam" für „ .. Schrie'n .."
Nicht korrigiert. (X).

„Redet wahr und lacht des Teufels" macht Bo.
Schwierigkeiten.

„Manch englisch Lieblein lieblich sein gesetzt" macht
X. große Schwierigkeiten.

„In eurer Leitung schleunig folgen sollen" macht
Me. Schwierigkeiten.

„weggeschaffen" für „weggewaschen" (X). Nicht kor=
rigiert.

„Dieser nörd'sche Jüngling" für „ .. nord'sche .. "
(X). Nicht korrigiert.

„ich bin" für „bin ich" (Bo.). Nicht korrigiert. —

Wintersemester 1894/95. Andere Hörer. Lauter Nichtdeutsche. Neunzehnte bis einundzwanzigste Stunde. Lesestoff: Gottfried Keller, „Sinngedicht" („Die Geisterseher"). Ich verzeichne nicht mehr alle Fehler.

„underhielten" für „und unterhielten".

Bei „unter der Rubrik" wird gestolpert.

„ein . . enteilte".

Bei „zu zwiefältig" wird gestolpert.

„kleine" wird ohne Korrektur ausgelassen.

„an" für „von" ohne Korr.

„so fand ich" für „. . sich" ohne Korr.

„mitgethan" für „mitgemacht".

Bei „Herumbietungen" stutzt Pa. und liest sehr vorsichtig. Das Wort ist ihm unbekannt.

„verschossen" für „verschlossen".

„mir" für „mit ihr".

„Wachsmaske" gestolpert. —

Zweiundzwanzigste Stunde. Schillers „Geisterseher."

„in seine . . Phantasiewelt verschossen" für „. . verschlossen".

„abhängen" für „abzuhängen".

„sagte er . . setzte er hinzu".

„absteihen, um die Zeit" für „abstehen . .".

„heiß . . heiterste".

„Händeklatschen" wird langsam gelesen.

„nicht mich" für „mich nicht". —

Dreiundzwanzigste Stunde. Fortsetzung.

„Erkenntsichkeit" für „Erkenntlichkeit".

Vierundzwanzigste Stunde.

„Böse" für „Börse".

„Kruzifux war der Konduktor".

„erwähnen" für „erzählen" ohne Korrektur.

Es ist von zwei Schiffen die Rede. Darauf wird „die beiden beschädigten Schiffe" gelesen, wo der Text bloß „die beschädigten Schiffe" bietet.

Fünfundzwanzigste Stunde.

„der" für „des".

„Antoniens Lust . . Zustand".

„wie sich eine Ansprüche" für „. . seine . .".

„Mysticität" gestolpert.

„da" für „daß".

„an dem Werke angesetzt" für „zu . . ." Nicht korr.

„Sklavenkleid" langsam gelesen.

„„Ihr Trauring!" rief der Prinz mit Befremdung". Langsam gelesen.

„Bratpaar" für „Brautpaar."

„Hinterhose" für „Hinterhofe".

„Zu dem Sizilianer sich wendend" langsam gelesen.

„unter diesen Umständen einer ähnlichen" langsam gelesen. —

Sechsundzwanzigste Stunde.

„entschidend" für „entscheidend".

„abgeschlossene . . abgeschossene Kugel". Auffallender

Fehler. Oberhalb des verlesenen Wortes steht das Wort „langsam". Auge abgeirrt??

„die kleinen unnennbaren Nebendinge" langsam gelesen.

„Darauf" statt „darf".

„Durchdaßtes" für „durchdachtes".

„ist" ausgelassen, ohne Korr.

„so sehr" für „sehr".

„Der ganze tägliche Zustand" für „.. klägliche ." (Ma.) Nicht korr.

„Effekt . . Affekt".

„dünkt . . däucht".

„auf dem natürlich . . kürzesten Wege". „Natür= lichsten" ist aus dem Sinne für „kürzesten" substituiert. —

Siebenundzwanzigste Stunde.

„so mußte er auch nach noch so .." wird langsam gelesen.

„ein leibeigner Sklave" langsam. —

Achtundzwanzigste Stunde. Noch immer „Der Geisterseher".

„Sachen" für „Dinge" ohne Korrektur!

„während sich in diese Fächer seines Gehirns an= füllten"; also „in" hinzugefügt, aber bemerkt und korrigiert.

„seines" für „eines". Korr.

„Libertinage" und „Bucentauro" werden langsam gelesen.

„es" für „er". Nicht korr.

Im deutschen Text kommt Prince philosophe vor, wird auch mit der deutschen Lautgebung gelesen; dann Fehler bemerkt und korrigiert.

„durchauch)" für „dadurch"; korrigiert. Also wieder ganz sinnloses Wort gelesen.

„sei . . sie heilig . .".

„ihn einer" für „ihn in einer". Ohne Korr.

„ihm" für „diesem". Nicht korr.

„werde" für „wurde". Ohne Korr.

„sich" für „sie". Ohne Korr.

„Antlitz" für „Angesicht". Bleibt ohne Korrektur.

„Lächeln umspielte um ihre Wangen" für „. . spielte . ." Nicht korr.

„Kirchenstuhle" für „Kirchstuhle". Nicht korr.

„Eine Blume entslie . . entfiel ihr (Pa). —

Neunundzwanzigste Stunde. König Lear von Shakespeare. Deutsch von Heinrich Voß. Reclam.

„Mitbewerber" für „Mitwerber". Nicht korr.

„eh ich's gesagt" für „. . sage . ." Korrigiert. —

Dreißigste Stunde.

„bist du der astrologischen . ." gestolpert.

„Vernehmen" langsam gelesen.

„in ihm rast" langsam gelesen.

„Wenn Ihr Euch nicht sehr sputet, so werdet Ihr noch vor Euch dort sein" für „. . so werd ich . . .". Korr. nach Schluß des Satzes.

„gefangen hat" für „gefangen". —

Einunddreißigste Stunde.

„nur noch" gestolpert.

„alles" eingesetzt, dann korr.

„Ich kann kaum Au . . Atem schöpfen."

„thust" für „thatst." Korr.

Zweiunddreißigste Stunde. Lear.

„wenn" für „was". Nicht korr.

„der dort im Strohe brummt" langsam gelesen.

„Dein Schläschen läuft .." für „. Schäschen ." Nicht korrigiert.

„Antslitz" für „Antlitz". —

Dreiunddreißigste Stunde. Lear.

„droht" für „trotzt". Nicht korr.

„Frankreich spreitet schon" macht Schwierigkeiten.

„eigener" für „einiger". Korr.

„wichtigeres" für „wichtiges". Korr.

„da" für „Du". Korr.

„Und eines Zwergleins Strohhalm bringt nicht hindurch". „nicht" ist dazugesetzt.

„Bis es die Zeit und ich für zweckmäßig finden". „für" dazugesetzt. —

Vierunddreißigste Stunde. Lear.

„den Weg nicht gefunden" für „. . . aufgefunden". Nicht korr.

„Feldgeschrei hinter der Bühne. Bear . . Lear ."

„als Eure Förderung" macht Schwierigkeiten.

Fünfunddreißigste Stunde. Zwei Gefangene von Paul Heyse.

„St . . Schtiegenabsatz".

„Sie leide an Schlaflosigkeit". Langsam gelesen.

„. . sie ihr Sonnenschirmchen". Langsam gelesen.

„. . annahm" für „einnahm".

„anſehen . . angeſehen".

„Zähnen" für „weißen Zähnen". Bleibt ohne Korr.

„Sp . ſpäherpoſten". Geſtottert wegen des folgenden p.

„vor den freien Lüften" für „den fr. L." Nicht korr.

„konnte" für „kannte". Nicht korr.

„wie fände man" für „wo f. m." Nicht korr.

„. ., der alles klar iſt, war . . was uns unbegreiflich . ."

„eine Freude, die mir nie zu teil geworden kann . . werden kann". Der Fall iſt lehrreich. Der Leſer eilt voraus und meint, der Satz werde mit „zu teil geworden iſt" ſchließen. Dann Korrektur.

„Sch . ſchlußſatz". Geſtottert.

„Brodem". Langſam geleſen.

Sechsunddreißigſte Stunde. Zwei Gefangene v. P. H.

„Sie wollen Ihren Spaß mit mir machen" für „. . haben" ohne Korrektur.

das Eine hier, das Eine dort" für „. . . Andere dort" ohne Korrektur.

„ich bin" für „bin ich". Ohne Korrektur.

Mehrere der Fehler mit anderen, die ich ge= legentlich geſammelt habe, folgen nun unter den Kategorien, welche wir bei den Sprechfehlern kennen ge= lernt haben.

A. Vertauſchungen.

1. von Worten. „ihn ſchon" für „ſchon ihn"

„bei mir" für „mir bei".

„zu viel" für „viel zu".

„nicht mich" für „mich nicht".

Das, was beim Sprechfehler sich findet, das Vertauschen weiter von einand entfernter Wörter habe ich beim Lesefehler nicht beobachtet.

2. von Lauten.

„Starke härt" für „Stärke hart"

„zofa" für „koza" (Mu. ref.).

„Gesunden" für „gedunj'nen". Wäre als Sprechfehler schon auffallend.

B. Vorklänge, Anticipationen.

1. von Wörtern.

„Ich kann nicht aus der Stern . . . der Höh' der Sterne raten".

„Des Brutus Cäsar Liebe zum Cäsar" für „des Brutus Liebe . . "

„Underhielten" für „und unterhielten".

„mir" für „mit ihr".

„ihn einer" für „ihn in einer".

„Lächeln umspielte um ihre Wangen" für „ . . . spielte . . "

„Ein trages . . An trages eingesetzt hatte" (Hofrat Kerner).

2. Von Lauten.

„Linstbarkeit" für „Lustbarkeit zu ziehn".

„Schatirische" für „Satirische".

„verspäteter" für „verpesteter".*)

---

*) Ich halte diesen Fehler für dem optischen Centrum zugehörig. Dem akustischen oder motorischen kann er nicht zugehören, denn ſ ist in einem Falle ſch, im andern ſ zu ſprechen.

„vorzwitzig" für „vorwitz'ger".

„geflinkter" für „geflickter Lumpenkönig" (hier ist n anticipiert, ist aber vor k zum gutturalen Nasal geworden).

„feisten, eingebrüst'gen Zeit" für „.. engebrüst'gen.."

„tänzen sähe" für „tanzen sähe".

„Sind wir alle wieder" für „.. sie.."

„Biesfaß" für „Bierfaß".

„Der Zä.. Schädel hatte einmal eine Zunge".

„erkäuften Gütern gewähren" (also bloß Umlaut anticipiert). Optischer Fehler.

„wenn ein Tür Fürst" für „wenn ein Tier Fürst".

„Verkäufsräume" für „Verkaufsräume".

„färbigem Leben" für „farbigem Leben".

„Tischgesche.. gesellschaften".

„küßte ihn heustig auf den Mund" für „... heftig.."

Wir sturzen bald ihn oder dulden Alles" für „.. stürzen.."

„im 3. Fenster suchte" (3 von suchte).

„Gant dem entgegen" für „Ganz..."

„Geht auf die Rednerbü.. brü.. bühne, Brutus".

„Ich ben.. bin euch allen Freund".

„Das um Bestättung ächzt" für „.. Bestattung.."

„Sirch.. sichres Rom" (optischer Fehler).

„Ich dreimal ihm die Kro.. Kro.. Königskrone bot".

„Die Walt sich widersetzt: nun liegt er da" für „die Welt.."

„vor das Thos hinaus" für „ . . Thor . . "

„ein . . enteilte".

„absteihen, um die Zeit" für „abstehen . . "

„heiß . . heiterste".

„Krucifux war der Konduktor".

„Bratpaar" für „Brautpaar".

„sei . . sie heilig".

„Anzlitz" für „Antlitz".

Vorläufig will ich, wie bereits in Klammern beige=
setzt, die nicht den Sprechfehlern congruenten Lesefehler
dem optischen Gebiete zuweisen. Durch ein Versprechen
wäre man bei „sichres Rom" wohl nur zu einem „Srich"
nicht aber zu „sirch" mit ganz falscher r=Stellung ge=
kommen.

C. Nachklänge, Postpositionen.

1. Von Wörtern und Silben.

Nachklänge von Wörtern habe ich beim Lesen der
Gesunden nicht beobachtet. Da sie sich beim Lesen der
Kranken häufig finden, scheinen sie ein spezifisches Krank=
heitssymptom zu sein und wären einer speziellen Auf=
merksamkeit der Aerzte wert.

Auch Nachklänge von Silben stehen mir nicht zahl=
reich zu Gebote. Doch möchte ich das bloß meinem noch
zu geringen Material zuschreiben.

„ernsterer" für „ernster".

„daß **er** voll Herrscher sucht war" für „Herrschsucht".

2. von Lauten.

„Denkt Ihr, ich hätte erbäuliche . . ."*)

„Wahnes Witze" für „Wahnes Hitze".

„der uns mit Denkkraft schruf" für „. . schuf . . "

„Und das Bestreun mit jungfräulichen Bläu . . Blumen".

„Ich setzte mich, Sänn einen Auftrag auf" für „Ich . . . Sann . . . aus".

„liegt's mir's" für „liegt's mir".

„Blutschändrischer, verrächter Däne" für „. . ver= ruchter . ."

„sich mittlerweise" für „sich mittlerweile". (Bloß optischer Fehler).

„körperlichen Uebungen, Flechten" für „. . Fechten".

„Ehre ist der Euhalt . . Inhalt".

„Worüber rauchzten . . jauchzten sie".

„Ich bin schon versorgt" für „. . versagt".

„noch eh'rne Männern" für „. . Mauern" (optisch).

„Verschmäht die nädern . . niedern Tritte".

„Er würschet Euch zu sehn".

„Was stellen (gesprochen „schtellen") sich für schwache . . wache Sorgen zwischen . ."

„Laßt mich nichts denken" für „Laßt mich's nicht denken.

„Cäsar, Cäsar, Gnade! Auch Cassius fällt zu Füßen dir, Begnädigung . ." für „. . Begnadigung . ."

---

*) Nur erklärlich, als Nachwirkung des Gesichtsbildes ä, also rein optisch. Ein Nachklang ist es eigentlich nicht, denn äu hat den Lautwert (ungefähr) oi.

„klar ist, war . . was".

„Bühne . . Bear . . Lear". —

D. Contaminationen.

In dem Sinne wie oben wüßte ich nichts hieher zu stellen. Es folgen einige Contaminationen, welche aus Anticipationen hervorgegangen sind.

„was" für „womit es".

„bich" für „bin ich".

„sollche" für „sollen solche".

„Ich deuch ergebenst" für „ich dank euch ergebenst".

E. Substitutionen.

„weibliche" für „wirblichte".

„ich" statt „ihr".

„mir" statt „mich".

„Freund" statt „Fremden".

„däucht" für „dacht".

„was" für „wies".

„kaltes" für „kahles".

„will" für „fiel".

„dann" für „daß".

„Dich" für „Euch".

„wolltet" für „solltet".

„unser" für „unter".

„solche" für „lose".

„wird" für „mit"

„pflichtgemäß" für „pflichtmäßig".

„das" für „dies".

„befördern" für „fördern".

„Anspruch" für „Ausbruch".

„Welt" für „Zeit".

„Herr" für „Mann".

„an" für „von" ohne Korr.

„mitgethan" für „mitgemacht".

„sagte er . . setzte er hinzu".

„darauf" statt „darf".

„Effekt" für „Affekt".

„dünkt" für „däucht".

„auf dem natürlichsten Wege" dem Sinne nach sub=
stituiert für „ . . kürzesten . . "

„Sachen" für „Dinge" ohne Korrektur.

„durchauch" für „dadurch".

„ihm" für „diesem".

„werde" für „wurde".

„Antlitz" für „Angesicht" ohne Korrektur.

„Mitbewerber" für „Mitwerber" ohne Korrektur.

„gesagt" für „sage".

„thust" für „thatst".

„Psalmodiae" für „Plasmodiae" (R. Berl).

„wenn" für „was" nicht korrigiert.

„droht" für „trotzt" nicht korrigiert.

„eigener" für „einiger" korrigiert.

„da" für „du".

„wichtigeres" für „wichtiges" korrigiert.

„gefunden" für „aufgefunden".

„annahm" für „einnahm".

„ansehen" für „angesehen".

„konnte" für „kannte".

Hieherstellen möchte ich jene Fälle, wo Worte und Laute hinzugefügt werden.

a) Worte.

„Die beiden beschädigten Schiffe" für „die beschädigten Schiffe".

„so sehr" für „sehr".

„gefangen hat" für „gefangen". —

b) Laute.

„abgeschlossene .. abgeschossene Kugel" vgl. den umgekehrten Fall „verschossen" für „verschlossen" unter „Auslassung". —

F. Lautumstellungen (auch bei r).

„Weiberfrucht" für „Weiberfurcht".

„entslie .. entfiel". Seltener Fall. Optisch? —

G. Auslassungen.

a) von Worten.

„ganzen" ausgelassen.

„keine" ausgelassen.

„abhängen" für „abzuhängen".

„ist" ausgelassen. —

b) von Lauten.

„leb" für „lebt".

„stet" für „stets".

„Fräu" für „Fräulein".

„nu" für „nun".

„Lebensopfer" für „Lebensopfrer".

„seine" für „seiner".

„sei" für „sei's".

„verschossen" für „verschlossen", zweimal vorgekommen.

„Böse" für „Börse". —

H. Dissimilationen.

„Der stolzen Wert . . Welt".

„Euer" für „Eurer" (?)

„es fasse in einem" für „. . . seinem".

„Sorg ein Hin erfüllt" für „ein Hirn".

„Teil mir die Unsach' deines Kummers mit" für „. . Ursach'. ." (Optischer Fehler?).

„Mein trauernd Herz sich hängen" für „. . . drängen". (Das für dr . . eingetretene h ist Nachklang von „Herz").

„Herrschsucht . . härterm . . Errschsucht". Hieher?

„Erklärung brei . . bleiben" (Me.).

„so fand ich" für „so fand sich".

„Wie sich eine Ansprüche" für „. . seine . .".

„Der ganze lägliche Zustand" für „. . klägliche . .".

Lautstottern.

Es tritt beim Lesen von Gesunden in denselben Fällen ein wie beim Sprechen. Ich verzeichne hier auch jene Fälle, wo langsam, buchstabierend, gelesen wurde. Die Art, wie gestottert wird, ist nicht immer mit Sicherheit zu erfassen. Meist besteht sie in Wiederholung des anlautenden Konso= nanten allein oder in Verbindung mit dem folgenden Vokale.

Man kann aber bemerken, daß man an manchen Tagen

ganz merkwürdige Lust zu stottern, d. h. die Anlaute zwei=
mal zu sprechen hat. Meine Hörer waren da sehr inter=
essant zu beobachten.

Schwierigkeiten und Stottern stellen sich ein:

1. Wenn mehrere Wörter oder Silben mit gleichen
Konsonanten oder mit Vokalen beginnen.

„Ihnen in mir". —

„In Eurer Eil" (hier auch r, l).

„Geb' ich acht auf Euch". —

„brüllt auf uns ein". —

„zu zwiefältig". —

„wiederholen wird". —

„unter diesen Umständen einer ähnlichen". —

„die kleinen unnennbaren Nebendinge". —

„so mußte er auch nach noch so". —

„bist du der astrologischen". —

„in ihm rast". —

„nur noch". —

„Zu dem Sizilianer sich wendend". —

„Sch . schtiegenabsatz!" —

„Sp . späherposten". —

„Sch . schlußsatz!" —

„sie ihr Sonnenschirmchen". —

„Sie leide an Schlaflosigkeit" (Hier auch die l).

2. Bei Häufungen von r und l.

„Redet wahr und lacht des Teufels". —

„Manch englisch Liedlein lieblich fein gesetzt". —

„In Eurer Leitung schleunig folgen sollen". —

„Des Blitzes schlängelnd Blau". —

„so kostet rötre Tropsen der Erweis". —

„Schreit der Trunkenbold". —

„Kro .. Kro .. Königskrone". —

„Rednerbü .. brü .. bühne, Brutus". —

„Unter der Rubrik". —

„„Ihr Trauring", rief der Prinz mit Befremdung". —

„Sie leide an Schlaflosigkeit" (oben). —

„der dort im Strohe brummt". —

„Frankreich spreitet schon". —

„als Eure Förderung". —

„Nachrollen" von r vielleicht bei „ernsterer".

3. Wenn ein Wort mehrere gleiche oder auch nur gleich vokalisierte Silben hat, oder bei Wiederholungen in mehreren Worten.

Gestolpert bei: „ein leibeigener Sklave".

Mysticität (auch zu 4).

4. Wenn Lautgruppen in verschiedener Anordnung sich wiederholen. Die Aerzte lassen sagen: Wachsmaske (gesprochen Waksmaske, ks—sk), ich habe beim Lesen gesehen, wie langsam das Wort gesprochen wird. So erklärt sich das Stolpern bei „Talgklumpen" wegen der Aufeinanderfolge lg—kl.

Auch seltene Wörter werden langsam gelesen: „Herumbietungen", „Libertinage", „Bucentauro". . Warum aber „Vernehmen", „Händeklatschen"?

K. Fälle des stillen Verlesens.

Jeder aufmerksame Leser weiß, daß man sich auch bei stillem Lesen oft irrt und den Irrtum meist erst aus dem Sinn erkennt. Ich habe an mir folgende Fälle beobachtet:

„Kauflage" für „Kaufklage".

„dissimili" für „dissimillimi".

„Wessely" für „Wolseley".

„um die Hebung ... Bildung zu heben".

„Oppositionell" für „Appositionell".

„Wald und Feld" für „Feld und Wald".

Die Einreihung in die bereits bekannten Kategorien ergiebt sich von selbst.

Ueberblick.

Ich glaube, das vorstehende genügt, um zu zeigen, daß das Verlesen im allgemeinen denselben Regeln unterliegt wie das Versprechen. Unterschiede von den Sprechfehlern sind entschieden vorhanden. Sie sind aber nicht so bedeutend, als man glauben sollte, und erklären sich aus der Anwesenheit des Gesichtsbildes des zu sprechenden Wortes. Am auffallendsten sind die Unterschiede bei den Substitutionen. Beim Sprechen entscheidet bei der Substitution Sinn- und Klangähnlichkeit, beim Lesen kommt dazu die Aehnlichkeit des gedruckten Wortes.

β) Die Lesefehler der Kranken.

A. Litteratur und allgemeine Bemerkungen.

Von Material, das sich auf das Lesen der Kranken bezieht, war mir folgendes zugänglich:

1. Konrad Rieger, Sitzungsberichte der physikal.-mediz. Gesellschaft zu Würzburg 1884 S. 133, 1885 S. 8 ff., S. 17 f. Ich citiere Rieger.

Nach Rieger Moebins Diagnostik der Nervenkrankheiten S. 37.

2. Gustav Rabbas. Allgemeine Zeitschrift für Psychiatrie, Band 41 Heft 3 S. 345—365 (Dissertation). Ich citiere Rab.

3. Immanuel Kirn. Ueber Lesestörungen bei paralytischen und nichtparalytischen Geisteskranken. Würzburg 1887 (Dissertation).

4. Fritz Kraemer. Untersuchungen über die Fähigkeit des Lesens bei Gesunden und Geisteskranken. Würzburg 1888 (Dissertation). —

Herrn Professor Konrad Rieger gebührt das Verdienst, dieser Sache seine und seiner Schüler Aufmerksamkeit zugelenkt zu haben. Kraemers Arbeit ist dadurch verdienstlich, daß er zuerst Untersuchungen mit Gesunden niederer Bildungsstufe und dann auch mit nicht paralytischen Geisteskranken angestellt hat, wenn auch in nicht zureichendem Maße. Bei mir bezeichnet die Marke

Kr. 1 ein Beispiel aus Kraemers erster Kategorie, d. h. Lesefehler bei einem gesunden **ungebildeten** Individuum,

Kr. 2 bei einem alten Individuum,

Kr. 3 bei gewöhnlichen, nicht paralytischen, Geisteskranken.

Vorausschicken will ich, daß die Lesefehler der

Kranken (und auch der Greise) Aehnlichkeit mit den Hör-
fehlern der Gesunden haben, d. h. insofern als die Veränderungen vielfach weit größer als bei den Gesunden
sind. Doch zeigte mir Mayer eine Anzahl von Paralytikern, die sehr langsam aber eigentlich korrekt lesen. Bei
diesen werden wohl die Lesefehler bei längerer Untersuchung als die der Normalen sich erweisen.

Ich gebe zuerst die Leseproben, nach denen die
Aerzte lesen ließen (Kirn S. 23), damit man bei
Durchsicht des folgenden Materials des Nachschlagens ent-
hoben sei. Die Philologen mögen mir verzeihen, daß ich
auch „Das Mädchen aus der Fremde" abdrucke!

I.

Das Mädchen aus der Fremde. (Schiller).

1 In einem Thal bei armen Hirten
2 Erschien mit jedem jungen Jahr,
3 Sobald die ersten Lerchen schwirrten,
4 Ein Mädchen schön und wunderbar.

5 Sie war nicht in dem Thal geboren,
6 Man wußte nicht, woher sie kam;
7 Und schnell war ihre Spur verloren,
8 Sobald das Mädchen Abschied nahm.

9 Beseligend war ihre Nähe,
10 Und alle Herzen wurden weit:
11 Doch eine Würde, eine Höhe
12 Entfernte die Vertraulichkeit.

13 Sie brachte Blumen mit und Früchte,
14 Gereist auf einer andern Flur,

15 In einem andern Sonnenlichte,
16 In einer glücklichern Natur.
u. s. w.

II.

An einen Weltverbesserer. (Schiller).

1 „Alles opfert ich hin," sprichst Du, „der Menschheit zu helfen;
2 Eitel war der Erfolg, Haß und Verfolgung der Lohn". —
3 Soll ich Dir sagen, Freund, wie ich mit Menschen es halte?
4 Traue dem Spruche! Noch nie hat mich der Führer getäuscht.
5 Von der Menschheit, Du kannst von ihr nie groß genug denken;
6 Wie Du im Busen sie trägst, prägst Du in Thaten sie aus.
u. s. w.

III.

Der Abfall der Niederlande. Einleitung. (Schiller).

1 Eine der merkwürdigsten Staatsbegebenheiten, die das
2 sechzehnte Jahrhundert zum glänzendsten der Welt gemacht
3 haben, dünkt mir die Gründung der niederländischen Freiheit.
4 Wenn die schimmernden Thaten der Ruhmsucht und einer
5 verderblichen Herrschbegierde auf unsere Bewunderung An-
6 spruch machen, wie vielmehr eine Begebenheit, wo die be-
7 drängte Menschheit um ihre edelsten Rechte ringt, wo mit
8 der guten Sache ungewöhnliche Kräfte sich paaren, und die
9 Hilfsmittel entschlossener Verzweiflung über die furchtbaren
10 Künste der Tyrannei in ungleichem Wettkampf siegen u. s. w.

Speziell für die Lesestörungen der Kranken
möchte ich folgendes als meine subjektiven Eindrücke hin-
stellen in der Hoffnung, daß es bald bestätigt oder aber
beseitigt werde.

1. Die Wurzelvokale werden am leichtesten richtig
erkannt.

2. Das Accentschema des Wortes bleibt oft auch bei sonstiger Veränderung.

3. Von den Konsonanten wird der Wortanlaut, resp. der Anlaut der hochbetonten Silbe, am besten erfaßt und wiedergegeben.

Bei r und l finden sich die erwähnten allgemeinen Erscheinungen, besonders das S i l b e n s t o l p e r n *), öfteres Wiederholen dieser Laute, Erscheinungen, die bei Gesunden seltener zu beobachten sind. Das Nachrollen des r (z. B. Weltverbessererer) ist schon, wenn überhaupt vorkommend, bei Gesunden gewiß äußerst selten.

Sache weiterer Forschung wird es sein, die spezi= fischen Lesestörungen der Kranken zu charakterisieren, was jetzt schon leichter sein dürfte, doch kann man wohl heute schon sagen, daß viele Unterschiede nur gradueller Art sind.

Zu den gegebenen Regeln, das Lesen der K r a n k e n betreffend, oder besser gesagt, zu meinen subjektiven Ein= drücken, sind einige Bemerkungen nötig. Vor allem müssen jene Lesefehler wegbleiben, die komplizierteren psy= chischen Ursachen ihre Entstehung verdanken, z. B. wo ein Wort bei dem Kranken eine Gedankenassociation auslöst und diese dann abrollt. Ein Kranker sollte lesen: „Man wußte nicht, woher sie kam", las aber: „Man muß

---

*) Dieser Ausdruck der Aerzte verdient baldigst durch einen be= stimmteren ersetzt zu werden. Ohne ihnen vorgreifen zu wollen, habe ich oben bei mehrfacher Wiederholung eines Lautes von einem „Lautstottern" gesprochen und möchte nur bei mehrfacher Wieder= holung einer Silbe (bei Kranken häufig) von einem „Silbenstottern" sprechen.

nicht vorher sagen können"; trotz der scheinbar großen Abweichung sind hier die gegebenen Regeln nicht so übel befolgt.

Zu 1. Daß die Wurzelvokale am besten wiedergegeben werden, zeigt das Material, welches ich unten der besagten Litteratur entnehme.

Ich wähle nur weniges aus:

„Soldaten" für „sobald",

„gebracht" für „gemacht",

„Tage" für „Sache",

„waren" für „paaren",

„mußte" für „wußte".

Nr. 1 „mußte" für „wußte",

„gereist" für „gereist",

„bin" für „hin";

„Weltkampf" wird von Kranken und Gesunden statt „Wettkampf" gelesen;

„Stall" für „Thal", Rab.,

„war" für „kam", Rab. —

Ich will eine Leseprobe aus Riegers oben citierter Arbeit (1884 S. 135), welche auch Moebius S. 37 ab= druckt, teilweise hierhersetzen. Der Kranke war ein Para= lytiker, zeigte Defekte beim Schreiben, Nachsprechen, Rechnen, machte aber im Gespräche keine Fehler. Er las die ersten beiden Strophen des „Mädchens aus der Fremde" so:

1. Das Mädchen aus der Tiefe.

1) In einem Thal war eine Hütte

Erfreute mit jedem jungen Jahren

Sobald erbiet eine Lehre schwiede
Ein Mädchen vont.

2) Es war mit dem Thal geboren
Nacht gutes mit fröhlicher Sichrigkeit
Und empfehle und sprechende
Es bessert das Mädchen absichtlich machte.

Der Vokal ist in folgenden Fällen richtig gegeben (teilweise nicht ganz genau): Hütte (Hirten), Lehre (Lerchen), schwiede (schwirrten), mit (nicht), nacht (man), gutes (wußte), woher (fröhlicher)?, absichtlich (Abschied), machte (nahm), empfehle (schnell).

Vers 7 und 8 sind offenbar schon unter der Ein= wirkung der Müdigkeit so ganz schlecht geworden. Vers 6 heißt es statt „woher sie kam" „mit fröhlicher Sichrig= keit", das heißt, o, e und sie (gesprochen ī) sind aufgefaßt. „fröhlicher Si . . ." wäre also begreiflich. Von da ab ein Silbenstottern, mit Verwendung des eben gebrauchten Lautes ch, hinter dem sich von „fröhlicher" gleich wieder r einstellt. —keit stammt von ka—m (gesprochen: —kait!)

Bemerkenswert ist, daß die Anzahl der bedeutenden Silben zumeist richtig ist, sowie daß auch das Accentschema des richtigen Wortes öfters beibehalten ist. Auch konsonan= tischer Anlaut ist zumeist aber nicht immer richtig wieder= gegeben. Verändert ist dagegen meist der Auslaut.

Der Kranke sagte „gutes" für „wußte". Er gab also mit Ausnahme des Anlauts alle Laute wieder, aber in anderer Anordnung.

Contaminationen finde ich in „erbiet" für „die erste",

also mit Umstellung der Silben aber Erfassung der Vokale. Für „schön und wunderbar" heißt es „vont", man erkennt „v—und", d. h. den Inlaut von „wunderbar" (dessen und vielleicht durch das a der dritten Silbe zu o geworden ist?) Woher das v ist, entzieht sich mir.

Bloß der Anlaut sp und das r sind zu erkennen in „und sprechende" für „Spur verloren".

Die anderen Stücke sind viel schlechter ausgefallen, wie man bei Rieger selbst einsehn mag. Einiges citiere ich noch unter der Marke Rieger.

Zu 2. Das Accentschema bleibt oft, d. h. die Accent=silbe bleibt bestehn auch bei unsinnigen Neubildungen.

„Bedräurigkeit" für „Vertraulichkeit",

„verbindlichen" für „verderblichen",

„Weisheit" für „Menschheit",

„Wetterverbesserer" für „Weltverbesserer"

„verborgen" für „verloren" Rab.,

„höchentlich" für „Sonnenlichte)" Rab.,

„mitwirklichen" für „merkwürdigsten" Kr. 2,

„Jährenheit" für „Jahrhundert" Kr. 2,

„Herzbeginnende" für „Herrschbegierde",

„Verzweifel" für „Verzweiflung",

„Tiere" für „Tyrannei",

„gleichem" für „ungleichem",

„Wette" für „Wettkampf".

Mit dem Obigen steht in Zusammenhang, daß mit Vorliebe von den Kranken unbetonte Wörter ganz ausge=lassen werden und ebenso die wenig betonten Schlußsilben.

Vgl. die Probe bei Rabbas S. 359. Einen gewissen Einfluß werden auch hier (wie bei 3) die graphischen Eigentümlichkeiten, also die großen Anfangsbuchstaben (andererseits die Kürze der Partikeln, Präpositionen 2c.) ausüben.

Zu 3. Erhaltung des Wortanlautes (bei sonstiger Veränderung); Erhaltung des Konsonanten, der die Wurzelsilbe beginnt.

„danken" für „denken" Kr. 1,

„Eilen" für „eitel" Rieger,

„Haß" für „Herzens" R.,

„Befugerung" für „Verfolgung" R.,

„Lebens" für „Lohn" R.,

„tötlich" für „traue" R.,

„sprechen" für „Sprüche",

„Völker" für „Führer" u. s. f.

„bessern" für „Busen".

„Ferne" für „Fremde" Rab.,

„andern" für „armen" Rab.,

„Hütten" für „Hirten",

„geschieden" für „erschien",

„Leuchten" für „Lerchen",

„Höhle" für „Höhe" Rab.,

„Weitenbéssérer" für „Wéltverbéssérer" Rabbas.

Ich war früher der Meinung, daß diese Erscheinung damit in Zusammenhang steht, daß der Wortanlaut oft das Letzte ist, was ein Kranker von einem Worte weiß. Dozent Lothar von Frankl zeigte mir vor etwa vier Jahren eine Kranke, die auf der Suche nach einem Haupt=

worte sagte: „Ich weiß, das Wort fängt mit X an, ich kann's aber nicht sagen". Graves berichtet von einem Kranken, der seit einem Schlaganfalle das Gedächtnis für Hauptwörter und Eigennamen verloren hatte, sich aber mit voller Sicherheit an deren ersten Buchstaben erinnerte (sieh bei Freud, zur Auffassung der Aphasien S. 42). Rabbas a. a. O. S. 357 hat bemerkt, daß eine Kranke „manche Wörter richtig anfing, aber nicht richtig vollenden konnte".

Gegenwärtig bin ich mehr der Meinung, daß rein graphische Gründe beim Lesen der Kranken dem Wortanlaute das leichtere Erkennen sichern; aber es mag doch in meiner früheren Meinung ein Körnchen Wahrheit stecken.

B. Erscheinungen bei r und l bei den Kranken.

Uebersehen werden die Laute meist nicht, wenigstens weniger leicht als andere nach meinem subjektiven Eindrucke. Der Kranke bei Rieger sieht bei „Erfolg" r und l, o und g und macht „Rolligung" daraus. „Verschirren" für „schirmenden" Rabbas S. 359; „foren" für „furchtbaren" ebd. (hier also Anlaut und r erhalten). Der Kranke las statt „die furchtbaren Künste der Tyrannei" — die foren der Tiere," was im Einklange ist mit den gegebenen Gesichtspunkten. Die Greise bei Kr. 2 (S. 10) machen aus „schwirrten" — „schwinden", „schwingten"; „schwittern", „schwimmert" (2 Formen mit r, 2 ohne), aus „Spur" — „Spott"; „Brust", „Spore", „Spur" (3 Formen mit r, 1 ohne), aus „gereist" — „erreiste",

„gereist", „geriest" — „gedeiht" (3 Formen mit r, 1 ohne), aus „trägst" — „bringst" (S. 12), aus „Herrsch= begierde" — „Herzbeginnende", „Herschbringenden", „Herz= begierde", „Herrschberingte" (S. 13), aus „Ruhmsucht" — „Ursach", aus „verderblichen" „verbürgerlichen".

1. Metathesen.

„fürchten" für „früchten".

„fruchtbaren" für „furchtbaren" (siehe die Lesefehler der Gesunden oben).

2. Anticipationen, Vorklänge.

„frühre" für „Führer",

„drückt mir die Gründung" für „dünkt mir die Gründung". Derselbe Fehler bei Kr. 1, S. 5!

3. Postpositionen, Nachklänge, Zurückschiebungen.

„Spure" für „Spru—che". So auch Kr. 2.

„Daure" für „traue", Kr. 2.

„Prägst Du in Thränen sie aus" für „ . . Tha= ten . . ", Kr. 2,

„schlimmernden" für „schimmernden"; [aus dem vor= hergehenden „niederländeren" für „niederländischen".

„Niederländlichen" für „niederländischen" Kr. 1.

„Wenn die schwimmernden Thaten . . " las ein paralytischer und ein nicht paralytischer Geisteskranker.

„Niederländlichste", niederländiglichen" Kr. 2 für „niederländischen".

Statt „ersten Lerchen" — „ersten Lerchten",

„wußtete",

statt „genug denken" — „genug gedenken",

„Tyrannannei",

„bedrängtete" seniler Nachklang Kr. 2.

4. Assimilationen.

„Bedraurigkeit", „Traurigkeit" für „Vertraulichkeit",
Kr. 2. Vertraurigkeit, Traurigkeit, Verantraulichkeit.

5. Dissimilationen.

Ein Paralytiker soll lesen: „Traue dem Spruche",
liest aber „thue dem Spure". Daß das Wort „Spruche"
bereits pereipiert war, beweist die Vokalisation von
„Thue". Aber es war falsch gelesen als „Spure" mit
Postposition des r=Lautes und dieser r=Laut unterdrückte
vielleicht den von „traue"? Siehe unten.

6. „Silbenstolpern".

„Tyrannerei".

„Weltverbessererer"; vgl. die ähnlichen Fälle der
Nachklänge.

Daß dieses „Silbenstolpern" mit den „Nachklängen"
bei Gesunden Aehnlichkeit hat, braucht kaum erwähnt zu
werden. In den Fällen „Tyrannerei", „Weltverbessererer"
u. a. spreche ich, wie gesagt, von einem „Nachrollen".
Kraemer 1 hat den Lesefehler „Tyrannerei" bei Gesunden
beobachtet. Ich denke an Beeinflussung durch die nament=
lich dialektisch sehr häufigen Bildungen auf „— erei":
Schweinerei, Zauberei, Schreiberei, Balgerei u. s. w.

Die letzte Rubrik hat auch eine gewisse Aehnlichkeit
mit der Rubrik Assimilationen. In beiden Fällen werden
dieselben Laute mehrfach erzeugt, obwohl sonst die Sprache

dagegen, namentlich bei schwierigen Lauten (r l m n), eine entschiedene Abneigung hat.

Von meinen Regeln aus ist manches unerklärlich.

„Beseligend" liest ein Paralytiker „Beseligder" (Kirn S. 7), ein Gesunder „Beseligten" Kraemer 1 S. 5, — „eilet" für „eitel" Kr. 1, „eilet" auch Kr. 2, — „schirmenden" für „schimmernden!" Kr. 1, — „schwittern" für „schwirrten" Kr. 2, — „Brust für „Spur" Kr. 2, — „Besiegeltend" für „Beseligend" Kr. 2, „geschaut" für „getäuscht" Kr. 2.

Diese Fehler sind schon alle mehr weniger schwerer, rein pathologischer Art. Sie kommen schon in die Nähe des Fehler, womit „Elf" „Löffel" gelesen wurde, oder „Schlüssel" als „Esel" (Rieger S B 1884 S. 145). Das sind spezifisch krankhafte Erscheinungen, die Reihenfolge der Laute ist regellos gestört, wie es bei normalen Fehlern nicht vorkommt; wo ähnliches sich bei Gesunden, jungen Menschen findet, mache ich bis jetzt das optische Bild verantwortlich.

Im ganzen wird zu Recht bestehen können, daß nur die Fehler der Geisteskranken, namentlich der Paralytiker, die sich selten bei senilen Individuen und fast gar nicht bei Gesunden zu finden scheinen, bis jetzt der Formulierung spotten. Combinieren sich nun Krankheit und Ermüdung, so kommen dann solche Lesefehler zustande, wie sie Rieger S. B. phys. med. Ges. 1884 S. 135 verzeichnet. Der Kranke, der zwei Strophen des Mädchens aus der

Fremde teilweise gut las (vgl. oben), kommt weiter in immer schwerere Fehler, so daß mit seiner Lektüre der Schiller'schen Einleitung zum „Abfall der Niederlande" wenig anzufangen ist. Die nur mehr den Arzt interessierenden Erscheinungen hat Rieger S. 136 besprochen.

Meine Erklärung der r=Anticipationen (z. B. „drückt mir die Gründung") könnte Widerspruch finden. Man wird es vielleicht bezweifeln, daß der Kranke so weit voraus liest und sich die Sache soweit merkt. Trotzdem muß ich bei meiner Erklärung bleiben. Auch Rieger sagt, S. B. 1884 S. 138, daß sein Kranker einfache Worte richtig las, wenn man ihn durch Bedecken „etwa danebenstehen= der Worte verhindert, auf diese weiterzuschweifen." Ganz dasselbe bestätigte Rabbas Ztschr. f. Psych. Bd. 41 S. 353. Ich halte umsomehr an meiner Deutung fest, als ich sie im engsten Zusammenhange mit den Sprech= und Lese= fehlern der Gesunden sehe.

Auf die Arbeit von Rabbas möchte ich noch mit einigen Worten speziell zurückkommen. Er konstatiert wie andere Forscher, daß die Kranken, wenn sie auch noch so falsch lesen, von der Richtigkeit vollkommen überzeugt sind. Die Leseprobe auf S. 348 ist dadurch schwer zu benützen, weil sie sehr entstellt ist und weil R. leider nicht angiebt, welche Worte (der Kranke bezeichnete sie mit dem Finger) gemeint waren, worüber auch der Text nicht Auskunft giebt, da vieles übersprungen ist. Von den anderen Proben S. 350 u. f., die im wesentlichen stimmen, sind schon Beispiele unter Rab. mitgeteilt.

C. Material.

Um dem philologischen Leser ein Urteil zu ermöglichen, gebe ich im Auszuge Material aus der citierten Arbeit: Ueber Lesestörungen bei paralytischen und nicht-paralytischen Geisteskranken. Inaug. Dissert. Würzburg. Immanuel Kirn. München Akad. Buchdr. 1887.

I. Störungen bei progressiver Paralyse.

I.

1. Fall. „Grende" für „Fremde",

    3 „Soldaten" für „sobald",

    „schwimmen" für „schwirrten",

    5 „der That" für „dem Thal",

    6 „muß" für „wußte",

    „vorher sagen können" für „woher sie kam",

    11 „alle" für „eine",

    12 „Bedraurigkeit" für „Vertraulichkeit",

    13 „fürchten" für „Früchte".

II.

    „Weltenverbesserer" für „Weltverbesserer",

    1 „opfer" für „opfert",

    „Mensch" für „Menschheit",

    3 „So" für „soll",

    4 „Thue" für „Traue",

    „Spure" für „Spruche",

    „Frühre" für „Führer",

    6 „so" für „sie".

III.

Die en mehrsilbiger Wörter oft ausgelassen.

3 „drückt" für „dünkt",

4 „Wie" für „Wenn",

„sie" für „die",

„und" für „der",

5 „verbindlichen" für „verderblichen",

6 „mehr einer" für „eine",

7 „Weisheit" für „Menschheit",

8 „unmögliche" für „ungewöhnliche",

9 „erschlossenener" für „entschlossener".

I.

2. Fall. „Märchen" für „Mädchen",

„Freude" für „Fremde",

1 „zu" für „In",

5 „im" für „in dem" 6 („nicht" ausgelassen)

9 „Beseligden" für „beseligend",

12 „sich" für „die",

15 „einen" für „einem".

II.

„Wetterverbesserer" für „Welto . . .",

1 „man" für „ich",

2 „waren" für „war",

„Verfolgung" ausgelassen,

3 „mit dir" für „mit Menschen",

4 „Du" hinzugesetzt,

„nicht" für „nie",

„den" hinzugesetzt.

III.

1 „unwürdige" für „merkwürdigsten",
  „das" für „die das",

2 „glänzenden" für „glänzendsten",

3 „mir" ausgelassen,
  „niederländeren" für „niederländischen",

4 „schlimmernden" für „schimmernden",

5 „Fundamente" für „Bewunderung",
  „Ausspruch" für „Anspruch",

8 „unmögliche" für „ungewöhnliche", siehe Fall 1.
  „der" hinzugesetzt.

10 „Tyrannerei" für „Tyrannei".

I.

3. Fall. „Jugendjahr" für „jungen Jahr",
  „Lerchten",
  „wußtete, woher sie kann",

10 „waren weit",

16 „in einer anderen Natur".

II.

Auf einen Weltverbessererer.

3. 2 „Verfolgt",

3 „es zu halten",

5 „nie genug gedenken".

III.

3. 1 „sechste" statt „sechzehnte",

3 „niederländen"; „Wenn die schwimmernden Thaten",

4 „Raten" statt „Ruhmsucht" nach) „Thaten",

7 „ungewöhnte",

8 „entschlosser", „Tyrannannei".

4. Fall.   I.

„. . . . . Freude".

Z. 4 „schön und wunderschön" statt „—bar",

   5 „Sie waren nicht im Thal",

   6 „man mußte nicht mehr",

   9 „beseligenden",

  10 „Herren" statt „Herzen",

  11 „durch" statt „doch",

  12 „Traurigkeit",

  14 „Gereist und . . ."

II.

„Welternverbresserer",

Z. 1 „Alles opfert sie . .",

  6 „Prägst in Thaten".

III.

„Weltkampf singen" statt „Wettkampf siegen".

„parieren" statt „paaren".

II. Lesestörungen bei nicht paralytischen Geisteskranken.

1. Fall.   I.

Z. 2 „einem Jugendjahr" statt „jedem jungen Jahr",

  7 „immer" statt „ihre".

III.

Z. 1 „Eine anders merkwürdige Staatsbegebenheit",

  2 „glänzenden, gebracht" für „gemacht",

  3 „Menschenbegierde" für „Herrschbegierde",

  $\left.\begin{array}{c}4\\6\end{array}\right\}$ Der Kranke läßt mehreres aus,

  7 „Tage" für „Sache",

    „waaren" für „paaren",

  9 „Weltkampf" für „Wettkampf".

2. Fall.   I.

Z. 2 „einem" für „jedem",

  6 „mußte" für „wußte",

 13 „und mit Früchten" für „br. Bl. mit und Früchte"

 14 „andern" ausgelassen.

II.

Läßt kleinere Wörter häufig aus.

Z. 6 „um Busen trägt".

III.

Z. 2 „glänzenden",

  3 „wenn" ausgelassen,

  5 „Beantwortung" statt „Bewunderung",

  6 „wird" statt „wo",

  7 „haren" statt „paaren".

3. Fall.   I.

Z. 1 „An" statt „In",

  2 „in" statt „mit",

3 „schwirrten" ausgelassen,

16 „glücklichen".

II.

3. 2 „Haß" ausgelassen,

„Verfolg" statt „Verfolgung",

5 etwas dazu phantasiert.

III.

3. 1 „Staatsbeheiten",

3 „schwimmernden",

8 „Tyrannerei",

9 „Weltkampf".

4. Fall.   II.

3. 2 „Eilend war der Erfolg"

3 „mit d e m Menschen"

4 „a b e r traue"

5 „Nein! von der Menschheit".

6 „Wie Du in d e m Busen sie trägst, so in Thaten sie a u s g e ü b t hast."

III.

„Eine der m. St. — der Welt dünkt mir — Bay=reuth!" „niederschlägigen" statt „niederländischen".

III. Paralytiker ohne Lesestörungen.

Einer ließt zu „Haß und Verfolgung der Lohn" — „so ging es auch mir mein Sohn!" er reimt also. Ein Anderer: „Weihnachtsfeiertag" statt Weltverbesserer".

Auch sonst will ich von K i r n s Ausführungen einiges hervorheben:

S. 17. „Eine große Anzahl der Fehler der Para=
lytiker unterscheidet sich von denen der Nichtparalytiker
durch weiter nichts, als daß sie bei ersteren häufiger sind"·

S. 18. Auf die Frage: Worin bestehen die Lese=
störungen? antwortet K.: In der Kürzung und Aus=
lassung von Buchstaben, Silben, Worten, Wortreihen.

— Seltener seien reine Umstellungen: beseligden
statt beseligend (bei Kirn S. 18 Druckfehler, beseligenden).

— In Zusätzen, nicht störenden, störenden.

— Muster der Substitutionen seien z. B. „liegen"
statt „siegen", „unwürdig" statt „merkwürdig", „verbind=
lich" statt „verderblich"; er unterscheidet sinn=, klang=,
schriftverwandte Substitutionen und solche, die
das nicht sind. „Beantwortung" statt „Bewunderung"
habe noch etwas Verwandtes, „Fundamente" statt „Be=
wunderung" nichts mehr. Letzteres komme nur bei Pa=
ralytikern vor. Die Betonung sei entweder falsch oder
monoton.

S. 19 wird hervorgehoben, daß Paralytiker oft den
gemachten Fehler nicht einsehen.

Häufig seien Wiederholungen von Buchstaben, Silben,
Worten, z. B.:

„Wenn die schwimmernden"

„schön und wunderschön"

„Thaten der Raten" (statt Ruhmsucht)

„in einem Thal erschien mit einem jungen Tag".

„Beseligend war ihre Nähe und alle Herzen
waren weit".

„in einem andern Sonnenlichte in einer an=
dern Natur".

„doch alle Herzen .. alle Würde".

Kirn sagt dazu: „Ein zufälliges Wort haftet eine
kurze Zeit besonders fest im Gedächtnis, so daß der Ein=
druck eines neu auftauchenden Wortes verwischt wird".
Diese Wiederholungen fänden sich nur bei Paralytikern.

Paralytiker bilden eigene Worte: Grende, Thaten
der Rathen, Lerchten; Rabbas: Musin, Leuchen, Foren.
Rieger: schwinde, root, schmolieder ...

Rabbas unterscheidet zwischen leichten und schweren
Störungen. Kirn sagt „übliche Fehler".

Schwerere Störungen sind nach Kirn:

Große Anzahl üblicher Fehler,

Wiederholungen gewisser Worte oder Wortbe=
standteile,

Substituierungen von Wörtern, welche **weder**
sinn=, klang=, noch schriftverwandt sind,

Wortbildungen, die der deutschen Sprache fremd sind,

Sinnloses Hinzufaseln,

Der Kranke erkennt das falsch Gelesene nicht als
falsch. —

Mit diesen Ausführungen ist das Obige zu ver=
gleichen. Manche Aeußerungen Kirns werden durch meine
Beobachtungen des Lesens Gesunder modificiert. —

Wenn es erlaubt ist, einen Wunsch auszusprechen,
so möchte ich die Aerzte bitten, der Art, wie die Kranken
sich versprechen, baldigst ihre Aufmerksamkeit zuzu=

wenden. Daß hier die Schwierigkeiten allerdings sehr
große sein werden, entgeht mir nicht. —

IV. Wie man sich verschreibt.

An die Darstellung der Arten, wie man sich ver=
spricht und verliest, sollte sich die Erörterung darüber an=
schließen, wie man sich verschreibt und verhört. Leider
stehen mir hier keine genügenden Beobachtungen zur Ver=
fügung, so daß meine Titel nur den Wert von Fragen haben.

In Bezug auf die Schreibfehler habe ich bloß
beobachtet, daß sie viele Aehnlichkeit mit den Sprechfehlern
haben. Doch will ich bemerken, daß ich lebhafte mo=
torische Sprechvorstellungen habe, also meine Schreib=
fehler wohl nicht ganz dieselben sein werden, wie die eines
Mannes, bei dem die Erinnerungsbilder der geschriebenen
Worte oder der Schreibethätigkeit (die bei mir wenig in
Betracht kommen) lebhafter sind.

Ballet a. a. O. S. 30 sagt, es gebe kein Schreiben
ohne „das innere Wort", worunter er „das innerliche
Hören" versteht. Vgl. S. 28. „Das Wort diktiert, die
Hand gehorcht; . . . das diktierende Wort ist nicht hörbar;
nichtsdestoweniger besteht es thatsächlich; aber das Geräusch,
welches es verursacht, hört nicht das Ohr, sondern das
Bewußtsein" bei Ballet S. 30 nach Egger.

Die folgenden Schreibfehler sind, wo nicht anders
bemerkt, von mir. Ich schreibe von jedem Wort nur das

Stück, das ich wirklich fertig hatte, als ich des Fehlers gewahr wurde.

Eine genaue Erforschung der heutigen Schreibfehler würde vielleicht auch für die auf schriftliche Zeugnisse angewiesenen Geisteswissenschaften, namentlich für die Herstellung der Texte alter Dichtwerke nicht ohne Nutzen sein. So ausgebildet die Disziplin der Textkritik auch immer sein mag, möchte ich mir doch erlauben, auf diese Möglichkeit neuen Gewinnes hinzuweisen. Ob der betreffende Schreiber wirklich abschreibt oder ob man ihm diktiert, wird sich wohl aus den Fehlern selbst erkennen lassen. Die Hörfehler sind ja viel schwererer Art als alle übrigen.

A. Vertauschungen.

a) von Worten. Bis jetzt habe ich nichts Hiehergehöriges notiert.

b) von Lauten. Ein Fall, wo Silbenanlaute mit einander vertauscht werden: „Belen" für „Leben".

B. Anticipationen.

a) von Worten:

„dazu zum" für „dann zum". —

Ein Dr. med. schrieb an K. Mayer: „Ich habe ganz vergessen, in das Programm eine dem Frankl aufgenommene (dieses Wort war durchgestrichen) angekündigte kurze Mitteilung aufzunehmen." Es wird also „aufzunehmen" anticipiert, und an Stelle von „angekündigte" gesetzt, erhält aber dessen grammatische Form und Funktion. Dieselbe Erscheinung wie bei den Sprechfehlern. —

„hat in sich in das" für „hat sich in das". —
„Man wie man liest" für „wie man liest". —

„Zu solltest . . . sehn" für „Du . . ."; ich hatte das
Verbum „zusehn" mit im Sinne. —

„. . . noch immer keine Nachricht gerade (statt „ge=
kommen"). Das warten wird nachgerade langweilig".
Die Anticipation wird hier durch das gemeinsame „ge—"
erleichtert (Blo.) —

b) von Lauten.

„Costu—" für „Castorus". —

„senu—" für „senatuos". —

„Alphab . ." für „Alphabet" (Von.) —

„Beben" für „Leben". —

„ein deiner" für „in deiner". —

„zusammandf . . ." für „zusammenfassend" (hier ist
also der Auslaut des zweiten Wortes zum Auslaut des
ersten geworden und das a von —fassend in die vorher=
gehende Silbe gedrungen, was sich als Sprechfehler kaum
fände). —

„Mo . ." für „Memoiren". —

„Aufrd . ." für „Aufdringlichkeit". —

„freiwilligte errichtete" für „freiwillig . ." (Mu. ref.) —

„verbessirt werden wird" für „verbessert . . ." —

„Alle sende dir herzliche Grüße." (H. H.). Wahr=
scheinlich Anticipation der folgenden Endsilben. —

„Gesprächt" für „Gespräch mit". —

„Mat" für „man hat". —

„Füß" für „fünf Fuß". —

„Gegenteils von dem, was" für „Gegenteil . ." —

„Recht" begann ich zu schreiben, als ich im Sinne hatte: „Redet wahr und lacht des Teufels". —

„glauch" für „glaube auch". —

„in in" für „die in". —

Besondere Fälle.

„peritt" für „peritissimus", also Vorwegname der Gemination. Häufig kommt es vor, daß man dem Wurzel= vokal eines Wortes das Umlautzeichen giebt, wenn dieses dem des nächsten zukommt. (Vgl. oben ähnliche Erfah= rungen bei den Lesefehlern). —

C. Postpositionen.

„Galgel" für „Galgen" (vielleicht Anticipation weil „Buckel" folgte).

„einleiden" für „einladen". —

„Bist Du am Ende am bei der Ueberfahrt" (May. ref.). —

„schreib mir, wann Du abreisest und ob direkt nach Salzburg. Meine Adresse ist Salzburg (wurde ge= strichen) Leopoldsberg". —

„Du kannst Dir kennen" für „denken" schrieb ich im Unwohlsein. —

„Wenn Du schon in Wien bist, so nimmst (statt „nimm" Dich des . . . an" (Nachklang des Zeichens der 2pf. Indic). —

„Er wollte sagte" für „er wollte sagen" (Me.). —

D. Contaminationen.

In einem Schriftstück über einen Kranken namens Krimaß stand: „Patient macht Krimassen" für „. . Grimassen" wegen des nachklingenden Namens (May. ref.). —

E. Substitutionen.

„Nachträge" für „Nachklänge". —

Ich schrieb 11.90 für 11.19, eine Art Hörfehler. —

„. . den der Kellner als Morgenbescherung in einen Stiefel schenkte" für „. . steckte" (Me.). —

„richtig" für „riesig" (Me.). —

„eigene für „einige" (dasselbe findet sich als Sprechfehler). —

„sind" für „sieht". —

F. Unterdrückung.

a) von Worten.

Bedarf gar keiner Beispiele, weil es ungemein häufig und allgemein bekannt ist. Daß die Auslassung von Worten gewissen Regeln folgt, kann man nicht erweisen.

b) von Lauten.

„consl-" für „consilium". —

„Jt" für „Jst". —

„W—" für „Zweifel." —

„hiehr" für „hieher". —

„uhretie für „uhtretie". —

„friß der Teufel" für „frißt der Teufel" (haben hier die folgenden Dentalen dissimiliert?) —

Von. teilt mir mit, daß er sehr oft „jezt" für „jetzt" schreibe. —

„Beliner" für „Berliner". —

„Genteil" für „Gegenteil". —

„Assisten" für „Assistent" (May. ref.). —

„Setzt ich" für „Setzt sich". Dissimilation? —

G. r=Dissimilation.

„ .. wegen Nötigung zur Tragung der Trauer nach dem Zaren" will Mu. schreiben, schreibt aber „Tauer" für „Trauer". Wichtiger Fall!

H. Besondere Fälle.

Ich schrieb in „genommen" das „n" mit nur einem Striche, machte dagegen das folgende „m" vierstrichig. „Uebelangebrachte Korrektur" würde C. Mayer sagen.

C. Mayer giebt mir Briefe von Paralytikern. Ich teile einige Fehler bloß mit, um einen Vergleich mit den Fehlern der Gesunden zu ermöglichen.

Erster Fall.

„Februar" für „Februar". —

„Rückten" für „Rücksichten". —

„Motlichen" für „Monatlichen".

„können" für „kennen". —

Zweiter Fall.

„hochgeschäzter". —

„einen Meschen" (!) für „ .. Menschen". —

„einer reger Geist" für „ein . . . "

„Berührung" für „Beruhigung".

„ungeschicter". —

„gewärtigen" für „gegenwärtigen".

„nach 6 Stunden ruhiger stündenden erwachte".
Hier ein charakteristischer Fall krankhaften Nachklangs.

Ein bekannter Wiener Gelehrter soll in seinem Alter
als Widmung geschrieben haben: „. . von Deinem Ononkel".

V. Wie man sich verhört.

Der Vokal der Wurzelsilbe und die Vokale überhaupt
werden am häufigsten richtig wahrgenommen.

Auffallend ist dagegen, welche geringe Kraft die Consonanten, sogar die anlautenden, dem Hörfehler ent-
gegensetzen können. Für den Sprechenden ist der
Wortanlaut sehr wichtig, weil von ihm in erster Linie
die Erinnerung des Wortes abhängt, der Hörer ist aber
oft nicht in der Lage ihn zu verstehn, was bei dem geringen akustischen Wert der Consonanten begreiflich erscheint, und sucht also lieber mit Hülfe der percipierten
Silbenvokale das mangelhaft erfaßte Wort zu erhaschen.

Beispiele:

May. verstand „Feld im Meere" für „Feld in
Mähren". —

Me. verstand „Vetter aus Krofe" für „Vetter aus
Chikago". —

May. verstand „Bauernfeld" für „Bauernfeuilleton".—

Me. „ „Ausflügen" für „Ausblicken". —

Me. „ „Innsbruck" für „Dienstboten". —

Mu. „ „Hühner ißt" für „jünger ist". —

Vo. „ „Bahnen" für „Vulkane". —

Dr. Senzi (Bläme) verstand „Herrenhaus" für „Era=
nos" (Gesellschaft in Wien). —

Me. verstand „Goethische" für „Kritische". —

Adl. „ „Tyroler" für „Philologen" —

Me. „ „Bär" für „Pferd". —

Me. „ „sind dumm" für „sind um". —

Adl. „ „Kroaten" für „Kosaken". —

Me. „ „Geruch" für „Beruf". —

Adl. „ „Elsaß" für „öfters" —

Heb. „ „Dumba war dagegen" für „Thun
war dagegen". —

Dr. v. Boenicke verstand „Löffler" für „Lechthaler" —

Eine Kellnerin verstand „halbes Huhn" für „ . . .
„halbe Stunde studieren". —

Eine andere verstand „ein Diner!" für „ein Giar=
dinetto!" —

Me. verstand „Hebra" für „Rehbraten". —

Me. verstand „Ballett" für „Toilette". —

Kellner verstand „Backhuhn" für „Brathuhn". —

Me. verstand „Durst oder Hunger" für „Verdruß
oder Kummer" u. s. w. u. s. w.

Natürlich hat sich der Volkswitz auch der Hörfehler
bemächtigt.

Kasperl leistet in den deutschen Puppenspielen*) darin bedeutendes. Er versteht:

„Leimsieder" für „Einsiedler",

„Schuster und Schneider" für „Wurzeln und Kräuter",

„Trompeter" für „Don Pedro",

„Marianna" für „Diana",

„Liesel" für „Hiesel"

Abg'röst" für „Arrest",

„Wagen" für „Magen"

Schnellwage" für „Schildwache" (!)

IV. Ueber die Intensität und den relativen Wert der inneren Sprachlaute.

Schon die Festsetzung der Regeln für die Sprechfehler hat mich gezwungen den Begriff des „Wertes" eines Lautes einzuführen. Wie gesagt, ist dieser „Wert" abhängig von der Stellung im Worte und in der Silbe.

Hier handelt es sich darum, die relative Intensität der Laute der inneren Sprache vom Standpunkte des **Sprechenden** zu erforschen.

Wenn man wissen will, welchem Laute eines Wortes die höchste Intensität zukommt, so beobachte man sich beim Suchen nach einem vergessenen Worte, z. B. einem Namen.

---

*) Vgl. Deutsche Puppenspiele ebd. Kralik und Winter Seiten 204, 225, 136 u. s. w.

Was zuerst wieder ins Bewußtsein kommt, hatte jeden=
falls die größte Intensität vor dem Vergessen.

Das ist denn zumeist der Anlaut des Wortes. Bei
mir associert sich damit zunächst die Erinnerung an den
Tonfall des vergessenen Wortes, womit natürlich eine
ziemlich gute Vorstellung der Anzahl der Silben mit ver=
bunden ist*).

Mit der Bedeutung des Anlauts hängt es vielleicht
auch zusammen, daß Stotterer gerade ihn mehrfach hervor=
bringen, doch sei diese Frage den Aerzten überlassen.

Von großer Intensität sind auch die Vokale der
betonten Silben. Es kommt vor, daß man von einem
Worte nur diesen Laut mehr weiß. Man probiert „Ro=
land, Robert, Norbert!" —

In Gesellschaft wurde ein Name gesucht. Alle waren
einig, daß ein ei darin vorkomme. „„Streit" heißt er",
behauptete nun ein Herr. Ein anderer widersprach**) und

---

*) Wenn Mayer einen Namen vergessen hat, so buchstabiert
er das Alphabet durch, um den Anlaut zu finden.

**) Mayer war das. Er sagte auch sofort: „O weh, nun
kommen wir gewiß nicht mehr drauf." Was er meinte, wird man
aus folgenden Thatsachen ersehen. Ich gebrauchte das Wort „Pa=
tronen" und frage einen Norddeutschen: „Wie nennen Sie das?"
„Schablonen", antwortete er. Gleich darauf konnte ich mich des von
mir gebrauchten Wortes nicht mehr erinnern und mußte erst fragen,
welches Wort ich gebraucht hätte. Ich frug nach dem Namen eines
Mannes. „Müller" war die Antwort. Ich wußte, daß das falsch
sei. Aber erst nach einigen Tagen fiel mir ein, daß er „Schmidt"
heiße. Es war ein gut Bekannter. Ein anderes Mal nannte man
den Khedive „Abbas Himli". Ich wußte, daß er nicht so heiße,

fand auch) nach) Aenderung des Gesprächsstoffes den Namen:
„Seidl", der von allen als richtig anerkannt wurde.

Im Deutschen ist allerdings der Wortanlaut auch
meistens (namentlich bei Namen) Anlaut der betonten Silbe.
Aber der Wortanlaut scheint mir in den Fällen, wo er
mit dem Anlaut der betonten Silbe nicht identisch ist, mit
diesem fast gleichwertig zu sein. Mich bringt die Erfah=
rung der Sprechfehler darauf. Wenn man „Geba bung)"
für „Begabung" (siehe oben) sagen kann, so scheint mir
die Gleichwertigkeit erwiesen. Ich bezeichnete deshalb beide
Arten Laute oben mit derselben Marke.

Denkbar wäre, daß bei Menschen, welche besonders
lebhafte akustische Wortbilder haben, die Wurzelvokale
auch beim Sprechen die anlautenden Konsonanten an
Wert übertreffen.

Nach ihrer Wertigkeit ordnen sich die Laute vom
Standpunkte des Sprechenden so:

a) Anlaut der Wurzelsilbe, Anlaut des Wortes.

---

konnte aber aus der falschen Bahn nur schwer auf das richtige
kommen: Abbas Helmi, obwohl er mein Schüler gewesen ist. — Ein
anderer Fall: Vondr. hält Mu. Lavendelkraut hin und fragt, was
das sei. Mu. findet den Namen nicht gleich. Vondr. sagt nun
neckend: „Na, Kurwendel". Jetzt kommt Mu. erst recht nicht drauf.
— Man fragt mich um einen Kollegen, dessen Name mir natürlich
geläufig ist. Als man aber sagt, er heiße „Behrendt", komme ich
nur mit Mühe auf das richtige „Berwerth". — —

Ich möchte ein Bild zur Erklärung dieser eigentümlichen Hem=
mungen vorschlagen. Ich rede von einer teilweisen Verlegung der
Bahn. Das falsche Wort stimmt in etwas mit dem gesuchten und
verlegt gerade dort die Bahn.

b) Vokal der Wurzelsilbe, Vokal einer nebentonigen Silbe.

c) Anlaut einer unbetonten Silbe.

d) Alle übrigen Vokale, alle übrigen Konsonanten.

Die höchstwertigen Laute sind also der Anlaut der Wurzelsilbe und der Wortanlaut und der oder die betonten Vokale.

Diese Laute haften am längsten im Bewußtsein und treten zuerst wieder in dasselbe ein. Eben weil sie diese Bedeutung haben, drängen sie sich leicht zu früh vor oder klingen noch nach.

Was Laute gleichwertig macht, ist nicht leicht zu sagen. Ich vermute, daß „gleichwertige" Laute solche von ungefähr gleicher psychischer Bedeutung sind.

Was von den hochwertigen Lauten gilt, scheint von besonders schwierigen Lauten zu gelten, auch wenn sie nicht durch ihre Stellung hochwertig sind. Mein Material reicht hier noch nicht aus, doch führen mich andere Erfahrungen auf diese Vermutung. Es ist vor allem sprachlich wohl kaum zu läugnen, daß r, l und die Nasalen, auch wenn sie nicht gleichwertig sind, aufeinander zu wirken vermögen. Dann habe ich oft bemerkt, daß sich von einem fremdsprachlichen Namen jene Laute zuerst wieder über die Schwelle des Bewußtseins heben, welche dem Deutschen fremd sind, auch wenn es nicht hochwertige Laute sind.

Auch die Zischlaute sind ganz besondere Laute, was der Philologe wohl schon bei den Sprech= und Lesefehlern bemerkt haben wird. Sie seien der besonderen Aufmerksam=

keit der Nachforschenden empfohlen. Ich bin fest über=
zeugt, daß hier genaue Beobachtung recht wissenswertes
zu Tage fördern wird.

VII. Einige Thatsachen der Sprach= geschichte.

Der sprachwissenschaftliche Leser wird schon die
Analogien zwischen den Sprechfehlern und einigen Er=
scheinungen der Sprachgeschichte erkannt haben. Er wird
aber auch das Fehlen anderer ihm aus der Sprachge=
schichte bekannter Erscheinungen bemerkt haben. Hier
ist Geduld von nöten. Ich denke, daß eingehende und
genügend lange Beobachtung der wirklichen Individual=
sprachen alles das zeigen muß und wird, was die Ge=
schichte aufweist. Die Sprechfehler scheinen aber nur mit
einem gewissen Teile der „Lautgesetze" im Zusammenhang
zu stehen. —

Das Wort ist ein Ganzes, aber kein unteilbares.
Seine Laute ändern gelegentlich ihren Platz. Daß es
Lautsprechbilder giebt, kann nicht bezweifelt werden, aber
es giebt auch Wortsprechbilder und nach diesen sprechen
wir zumeist. Man kann ja auch einzelne Zeichen lesen,
liest aber gewöhnlich doch nicht buchstabierend.

Leider weiß man nicht, ob man sich immer so ver=
sprochen hat, wie wir uns heutigen Tags versprechen.
Beobachtungen an recht vielen lebenden Sprachen werden

aber schon bestimmtere Schlüsse gestatten. Ich will im folgenden nur an einigen bekannten Beispielen zeigen, daß die sprachlichen Thatsachen mehrfach mit den Erscheinungen der Sprechfehler stimmen, woraus weiter folgen würde, daß wir es hier mit tief im Wesen der inneren Sprache begründeten Emanationen zu thun haben.*)

Ich glaube als feststehendes Ergebnis von meinen und Mayers Beobachtungen folgendes ansehen zu können:

Die Laute der inneren Sprache sind ungleichwertig. Bei einem Laute, der eben gesprochen wird, klingen alle bereits zu sprechen beabsichtigten, gleichwertigen, vor, die zuletzt gesprochenen, gleichwertigen, (allerdings etwas schwächer) nach, so daß diese Laute fehlerhaft jederzeit für den beabsichtigten eintreten können.

Es sei erlaubt, auch dieses Resultat in einem Schema zu verdeutlichen. Bemerkt sei nur, daß die unter einem Laute stehenden anderen links die Vorklänge, rechts die Nachklänge bedeuten.

```
Etwas ist  f  a u l  im St aa te  D  ä  ne  m  ar  ks
           st,- aa,- te,-|  |D, 1 ä.au ne, 1m,St ar,aa ks.te|—,-D,—, ä -,ne
           D,- |  ä,- ne,—    |m,—|ar,- ks.- —,-, 1` -,au —,  1 —,st —,aa —,-te
           m, - |ar,— ks,—      |       |      |        —,-, 1`-,au`—, 1
```

---

*) May. und Prof. Weidl, (der auch freundlichen Anteil nahm) haben mich aufmerksam gemacht, daß die Bauern sich nicht zu versprechen scheinen. Ein gradueller Unterschied mag wohl vorhanden sein, aber daß das Versprechen bloß den Gebildeten zukomme, widerspricht meinen Erfahrungen.

Diese rein erfahrungsmäßig gewonnene Thatsache scheint mir den Schlüssel zu geben, um das Geheimnis aufzuschließen, welche entfernte Laute aufeinandereinzuwirken imstande sind und wie das geschieht.

Man sieht, daß durch die Vor= und Nachklänge die Laute der lebenden Sprache untereinander in den lebhaftesten Wechselbeziehungen stehen und man begreift das, was man „Harmonie des Lautsystems" genannt hat.

Nur im Vorübergehn sei angemerkt, daß Reim und Assonanzen teilweise in diesen Zusammenhang gehören. Beide hängen mit dem Vor= und Nachklingen gleichwertiger Laute zusammen. Natürlich fällt dabei die Hauptrolle den hochwertigen Lauten, den Vokalen der betonten Silben zu. Bei den Reimen spielt auch der Wortauslaut eine Rolle. Wie ungleich weniger er aber bedeutet, als der hochbetonte Vokal, das zeigt die häufige Vernachlässigung desselben namentlich in allen Gattungen volkstümlicher Poesie. Daß unsere Anforderungen an den Reim erst durch das Gesichtsbild des gedruckten Wortes so hoch gespannte wurden, halte ich für sehr wahrscheinlich. Die Alliteration beruht auf der Hochwertigkeit der Anlaute, namentlich der Anlaute hochbetonter Silben. So z. B.

Za uuedemo **h**erje **s**i **g**ihalot uuerde Muspilli 7,

ipu **s**ia daz **S**atanazses kisindi kiuuinnit 8 etc...

ebenso wird in dem Verse Muspilli 10

in **f**uir enti in **f**instri: dazī ist rehto virinlīh ding

die Alliteration von dem φ=Laute gebildet, nicht etwa
von den mehrfach vorkommenden r=Lauten, weil diese nicht
hochwertig sind, ja nicht einmal gleichwertig, so daß deut=
liche Beziehungen unter ihnen nicht bestehen. Die alt=
nordischen Hendingar (Binnenreime) fallen dadurch auf, daß
sie auf das Vor= und Nachklingen gleichwertiger aber
nicht eigentlich hochwertiger Laute sich gründen, nämlich
auf die silbeschließenden Konsonanten. Sievers, Metrik
Paul's Grundriß II S. 885.

Hier möchte ich einige Sprechfehler zusammenstellen,
welche sprachwissenschaftlich interessant sind. Ich verzeichne
sie unter einigen Rubriken. Wenn diese Augenblicksbil=
dungen in genügender Zahl beobachtet wären, könnten sie
die Richtungen der weiteren Sprachentwicklung verraten.

1. Ausgleichung des Ablauts.

„Sie weissen“ für „Sie wissen“ (Abl.) ist ein häu=
figer Fehler. „Ich heiße,“ „wir heißen“ wirkt mit, um
zu „ich weiß“ ein „wir weißen“ entstehen zu machen. —

„Darfen Sie nicht“ für „dürfen Sie nicht“ (Me.). —

„ich habe vergaß . . vergessen“ (Mowsesianz). —

„Hier eßt man“ für „ißt man“ (Me.). —

„Man seht“ für „sieht“ (Prof. Bogdan, Rumäne,
spricht gut Deutsch). —

„Hasen geschissen“ für „ . . geschossen“ (Abl.). Ich
habe den Fehler auch sonst beobachtet. —

Es war von „Eingriffen“ die Rede. Darauf sagt
Abl. „Man hätte früher eingriffen . . eingreifen sollen“. —

„zuseht . . zusieht“ sagte Fr. Müller, d. h. er kor=

rigierte sogar nach). Aufmerksam gemacht, bestritt er nach=
drücklichst sich versprochen zu haben. —

„Ein beissiges .. bissiges Gesicht" (Abl.). —

„Ihr siehts da gar nichts" (Vondr.) „Siehts" für
Dial. „sehts" schriftd. „seht". —

„Sie willen" für „Sie wollen" (Abl.). —

„Ist keinem Zweifel unterliegen" für „ . . unter=
legen". —

„Fortschreitler .. Fortschrittler" (Abl.). —

„erquickt werd, erquickt wird" (Dr. Haberl. in einem
Vortrage). —

Die Vor= und Nachklänge sorgen mit dafür, die
Formen einer Sprachsippe immer enger zusammenzuschließen
und dadurch den Ablaut zu befehden.

Daß die Ausgleichung des Ablauts in der nächsten
Entwicklung der Sprache liegt, darauf weist manches hin.

2. Beseitigung des Umlauts fand ich in:

„ihre Sohne .. Söhne" (Prof. Anton). Vgl. den oben
citierten Fall „Klöst .. Kloster", wo der vorher gesprochene
Plural die Vokalisation des Singulars beeinflußte. —

„Zügenglock .. glöcklein". —

„Junger" für „jünger". —

„Argeres" für „Aergeres" (Mu.), nicht korrigiert.

3. Die Kategorie der starken Verba ist heute keine
lebendige Bildung mehr. Neubildungen nach ihnen finden
sich fast nur mit der Absicht, komisch zu wirken.

„Er nos" zu „niesen", Th. Vischer, Auch Einer,
Bd. I. S. 203. —

Ein Landschullehrer sagte: „Goethes Vater kief sich ein Haus." Wenn Halbgebildete Schriftdeutsch sprechen wollen, stellen sich solche Mißgriffe leicht ein.

Häufig ist die Ersetzung von starken Verben durch schwache.

„das vergleicht werden muß" (Ingen. Eigl). —

„gereitet" für „geritten" sagte Detter, ohne zu korri= gieren. —

„gesinnt" für „gesonnen" ein anderer Bekannter. —

„sie ratete" für „riet" (Bondr. ref.) —

„ausgeleih .. ausgeliehn" (Prof. Penck; er wollte offenbar sagen „ausgeleiht"). —

„wo nachgeweist ist". Dr. Bloch. —

4. Beseitigung von unregelmäßigen Formen.

Ich sagte „Sie bin" für „sie sind", weil der folgende Satz ein Ich=Satz war. —

„Ihr seidet" für „Ihr seid", contam. aus „Ihr seid" und „Ihr gebet" 2c. (Me.). —

Ein Kind sagte „wir bind" nach „ich bin" und „wir sind". —

5. Andere Erscheinungen.

„Kanonist" für „Kanonier" (Dr. Pif.). —

„Als Ihr hoch in den Lüften throntetst" sagte Mu. Contam. aus „Ihr thronet" und „Du throntest". (Sehr interessanter Fall). —

„Was sind das für eine?" (Mu.) Plural zu „was= füreine". —

Wie gesagt, bringe ich auch eine Anzahl lautlicher

Erscheinungen, teilweise solche, die für vollkommen dunkel erklärt werden, in Zusammenhang mit dem aus dem Sprechfehler gelernten. Wann Laute auch aus der Entfernung zu wirken vermögen, wurde an unserer heutigen Verkehrssprache festzustellen versucht. Da aber Accentart, Silbentrennung nicht immer gleich sind, so werden wir uns kaum wundern dürfen, wenn historisch Erscheinungen nachweisbar sind, welche sich unter den Sprechfehler nicht zu finden scheinen.

Am meisten beeinflussen sich anerkannt schwierige Laute: r, l, denen m, n und die Zischlaute zunächst zu stehen scheinen. In Sprachen mit mehr singendem Accent mag schon das bloße doppelte Vorhandensein eines dieser Laute im selben Worte genügen, um das rasche mehrmalige An= schlagen derselben Taste unseres Sprechzentrums zu ver= meiden.

Aber noch schwieriger bleibt gewiß immer die mehr= malige Wiederholung hochwertiger r, l, und auch anderer Laute.

Mit der Bedeutung und Wertigkeit des Wortanlauts, namentlich wenn die erste Silbe die Accentsilbe ist, hängt es zusammen, daß bei großen Lautveränderungen (wie sie bei Grüßen, Titeln — kurz bei häufig und fast sinnlos gesprochenen Wörtern vorkommen) bloß der **Anlaut** und oft noch der **Vokal** übrig bleibt. Vgl. mhd. ver, vir, vor (vor konsonantischem Anlaut) aus *fr = frouwe ent= standen, z. B. ver Krīmhilt, ver katze.

In Wien hört man „gnä Herr", „gnä Frau". Vgl.

italienisch fra. Interessant ist auch „Herrje" (Herr Jesus!), bei uns „O je" (O Jesus!). Material bei H. Schuchardt, über die Lautgesetze S. 25 ff.

Die nächst wichtigen Konsonanten sind die silbenbeginnenden. Sie bleiben ebenfalls bei Verstümmelungen. Bei uns sagt man: „Gˆtn-Mórgen!", dann mit Assimilation des t an n: „Gn-Mórgen!", endlich: „n̄·Mórgen!" mit anlautendem gutturalen Nasal. Man sagt: „Pfiat di Got!" = behüt dich Gott! Also *bhiat *phiat pfiat. Man sagt: „Kschamster Diener!" = gehorsamster D..! Also *ghsamster *kchsamster kschamster. Betreffs chs zu sch vgl. norddeutsch „nischt" für „nichts" und die Citate bei Weinhold, Alemannische Gramm. S. 159, falls diese mehr als graphische Varianten vorstellen sollen.

Hieher auch Kurt aus Ko(n)r(a)d, Grete (Margarete, *Magarete (vgl. nhd. Köder aus ahd. querdar), *Magrete, *Mˆgrete, endlich Grete). „Dierk" Koseform für Dietrich aus *Dietrch. Kluge Wb⁴ S. 55.

Nhd. echt = mhd. ëhaft; afr. äft. Also wäre wohl die hd. Form „est" = *ehst.

Ahd. gisamanot, mhd. gesamnet, „gesamt". Kluge.

Franz. m'sieu = monsieu, wofür dann *mpsieu, *psieu gehört wird, Mamsell = *madmselle = mademoiselle.

Ahd. *hiutagu, *hiutgu, *hiuttu. hiutu heute. Diesen Uebergang erschließt Kluge S. 142.

Ahd. hīnaht, mhd. hīnet, hint, schwäbisch-bairisch „heind".

Ahd. *hiujâru, hiuru. mhd. hiure „heuer". Zu
hiujâru: hiuru (= lat. *consuetitudo: consuetudo) vgl.
den Sprechfehler „Millijahren" für „Millionen Jahren". —

Ahd. weralt, mhd. werelt, werlt, Welt.

Mlat. paraverêdus, parifredus, ahd. pfarifrid, pfer-
frit; darnach wäre ein *pferfert zu erwarten. Aber mhd.
pferit, pfert. Sehr interessante Dissimilationen von f u. r
in gleicher Stellung. Mit anderer Dissimilation mlat.
palafrêdus, palafrênus, franz. palefroi, ital. palafreno.
Kluge⁴ S. 260.

Die „Trull" des Kartenspiels wird sich wohl aus
tous les trois erklären, eine interessante Contamination.

Die Vertauschung der aufeinanderfolgende
Silben beginnenden Konsonanten ist sprachlich oft
genug zu konstatieren (siehe oben unter „Vertauschungen"
die entsprechenden Sprachfehler, welche auf derselben psycho-
physischen Grundlage beruhen).

Vgl. σκέπτομαι = *σπέκιομαι, λεῖκτον aus ρεῖκλον
bei Wackernagel Zts. XXXIII. S. 10, ἀμιθρός aus
ἀριθμός. Brugmann Gr. Gr.² S. 74. lat. acetum,
ahd. ezzih aus *atecum, ahd. elira und erila vgl. Kluge
„Erle", got. vairilos, agf. veleras, lit. tolêrus, torêlus
„Teller", Lehnwort; ebenso erscheint „Thaler" als talo-
rius oder dorelis, doleris. Lit. kepù „ich brate" gegen
asl. peką, ai. pácâmi. Auch gr. ἀρτοκόπος „Brot
backend", gegen πέττω. (Hieher das Sprechkunststück: Der
Kutscher putzt den Postkutschkasten).

Meyer-Lübke Rom. Gr. I. § 580 bringt die Roma-

nischen Beispiele. § 580: *estincilla für escintilla; aspan.
estentina zu intestina mit ganz regelrechter Umstellung
des n und des s. Sard. lorumu aus glomulus zeigt
Verwechslung von r und m und dann Dissimilation des
zweiten l und r. Das rom. Wort für Leber (ficátum —
fidicum) zeigt dieselbe Erscheinung wie oben acetum,
*atecum. Vgl. auch krafassu aus ital. fracasso a. a. O.
§ 584.

Hieher asl. mogyla „tumulus". nsl. s. kr. gomila.
Miklosich EW.; dialektisch nsl. gomazin für „Magazin";
Murko hörte von Agramern „Gamistrat" für „Magistrat",
„Gamazin" für „Magazin", „Namastir" für „Manastir"
(Monasterium).

Nach Nöldeke (bei Studniczka, Beiträge zur Geschichte
der griechischen Tracht S. 16 Anm.) soll lat. tunica gleich
punischem cituna sein. Fr. Stolz, H. Gr. S. 147 (siehe
auch S. 297). —

Vertauschung von Silbenvokalen. Ai. pi-
cumanda, Pali pucimanda. ai. piñjūla und puñjīla.
Wackernagel Zts. XXXIII 10. Lateinisch undecim, duo-
decim für *undicem, *duodicem herbeigeführt durch
Simplex decem. Wackernagel a. a. O.

Wie die Silbenanlaute historisch und im heutigen
Sprechfehler miteinander vertauscht werden, so wirken sie
auch in anderer Weise auf einander ein, indem sie sich
assimilieren. Lit. bei Bechtel, Dissim. der Zitterlaute
S. 48 anm. G. Meyer 2 S. 293, Angermann, Erscheinungen der Dissim. S. 3.

Lat. coquo aus *quequō, *pequō, gr. πέσσω, lit. kèpti.

Lat. quīnque aus *peñque.

Lat. quercus aus *perquos, ahd. foraha „Föhre“ vgl. Noreen, Abriß S. 131.

Ai. çváçura aber ab. qacura aus *svaçura, idg. *suékuros „Schwäher“. Dieselbe Erscheinung in lit., szészuras für *svészuras.

Ai. çmáçru, idg. *smakru „Kinn“, lit. smakrà „Kinn“ Zts. 25, 126;

Ai. çaçá, idg. *kasós „Hase“, ahd. haso, preuß. sasnis.

Hieher auch shásh, v. Fierlinger Zts. 27, 107.

Ai. çúshka, ab. huska, lit. sáusas.

Germ. *knekuōr- aus *kuetuōr- „vier“ Brug-mann M. U. V. S. 53 anm.

Germ. *φimφi „fünf“ aus *pempe, *penkwe.

Lit. szeszì = *sveszsi „sechs“, szászlavos = sász-lavos Kehrricht zu szlúti, żażivót neben zażivót „schnupfen“ Leskien-Brugmann, Lit. Volkslieder S. 291.

Von den lebhaften Beziehungen der silbenanlautenden Konsonanten unter einander zeugen auch ihre Dissimi-lationen.

Angermann, die Erscheinungen der Dissimilation im Griechischen hat manches hiehergehörige gesammelt. Vgl. S. 29, 30, ital. Otricoli von lat. Ocriculum, ital. Chieti = lat. Teate, lat. obsetrix neben obstetrix. Ital. (dial.) stinco von germ. skinko vgl. Kluge s. v.

„Schinken", mhd. gingebere, ingewer; Kluge s. v. „Ingwer".

Einen eigentümlichen Umtausch nehmen Blaß und Wackernagel Kuhns Zts. XXXIII S. 9 an: den sicilischen gen. sg. αὐτοντα und gen. pl. αὐτωντα erklärt Blaß so, daß hier „durch einen Umtausch die Endung in die zweite Silbe, das τα(ν) in die dritte kam".

Auch die meisten anderen durch die Sprechfehler sich verratenden geistigen Prozesse erscheinen in dem Leben der Sprache.

Anticipation, Vorklang. Hierher scheinen die so häufigen Umlaute und Brechungen u. dgl. zu gehören. Doch erfordert die Frage, inwieweit Anticipation des folgenden Vokals Umlaut oder Brechung erzeugt, oder ob eine Veränderung des trennenden Konsonanten (resp. der trennenden Konsonantengruppe) z. B. Mouillierung mitspielt, eine gesonderte Betrachtung.

Eins scheint mir nach meinen obigen Beobachtungen sicher zu sein, daß i oder u ganz wohl über einen oder mehrere Laute hinwegwirken können, ohne diese im geringsten zu verändern.

Beispiele für Umlaut aus dem Latein, wo u durch folgendes i zu i wird bei Stolz, Hist. Gramm. S. 180 Vgl. famulus: familia; consulo: consilium; Siculus: Sicilia u. s. w. .

Man läßt gewöhnlich lat. fundus durch Nasalanticipation aus *fudnos entstehn (ai. budhná) ebenso unda aus dem schwachen *udn-. Das mag richtig sein,

aber „Umstellung" möchte ich diese und ähnliche Erschei=
nungen nicht nennen, wie Stolz, Hist. Gramm. S. 327
thut. Mir scheinen die dort zusammengestellten Dinge
noch sehr der Erklärung bedürftig. Mir ist ein Sprech=
fehler von der Art wie „Lüngner" für „Lügner" nie=
mals begegnet.

Anticipation des Tones. Lit. gerōj für gerojë.
M. H. Jellinek hat in seinen „Beiträgen zur Erklärung
der germanischen Flexion" S. 54 zuerst den Weg ge=
wiesen, wenn er auch nicht die ganze Erscheinung zu
deuten in der Lage war.

Schöne Lautanticipationen bei Wackernagel Zts.
XXXIII S. 9. Kretisch τεμονηῖα erkläre ich mir durch
die Zwischenstufe *νεονημία (also erst Vertauschung) und
dann Anticipation des n vom Anlaut der vierten Silbe
in den der zweiten. Weitere Beispiele Wackernagels unten
bei r und l. Zum Allgemeinen bemerkt er: „In allen
diesen Fällen wird ein Laut, der einem spätern Teil des
Wortes angehört, zu früh gesprochen, weil das Bewußtsein
ihn auszusprechen zu müssen von Anfang vorhanden ist.
Eine solche Anticipation vollzieht sich am leichtesten, wenn
(wie in κιγκλίς - κλιγκίς-, κάτοπτρον - κάτροπτον-,
viginti-vinginti-) von zwei in einer späteren Silbe auf
einander folgenden Lauten der erste schon in einer früheren
Silbe vorkommt. Da liegt es äußerst nahe, gleich beim
ersten Vorkommen des ersten der beiden Laute (bei κάτοπτρον
des τ) auch den zweiten (also z. B. κα-τρ-οπ-τ-ον statt
κα-τ-οπ-τρ-ον) zu sprechen".

Im Litauischen heißt smágenes, smaginés (Manuser!) das Mark (der Knochen). Die Form, von der auszugehn sein wird, dürfte *mazgenés gelautet haben nach asl. mozgů, ai. majján (aus *mazján), ab. mazgā „Mark". Vielleicht hat smagůs mitgewirkt.

Postpositionen, Nachklänge. Es ist bekannt, daß im indogermanischen Sprachleben die Laute zumeist vorauswirken, d. h. die noch nicht gesprochenen auf die eben zu sprechenden. Aber es kommt doch auch das entgegengesetzte vor.

Vgl. die Fälle „umspringender Aspiration". Meisterhans² S. 79. Καριθαῖος für Χαριταῖος.

Aehnliche Erscheinungen bei nicht benachbarten Lauten vgl. im Latein alimentum regimentum gegen monumentum, documentum wegen der Qualität der vorhergehenden Vokale. Stolz H. Gr. I S. 182 nach Parodi. Vgl. auch S. 184, 193 (alacer für *alecer ꝛc.). Joh. Schmidt Ztj. XXXII Seite 1 ff.

Postposition der Quantität. νεώς βασιλέα aus νηός βασιλῆα.

Dissimilationen sind nicht häufig, von den r- und l-Dissimilationen abgesehen.

Schwere Dissimilationen.

Hieher gehört die Hauchdissimilation, welche im Altindischen und Griechischen sich zugetragen hat. Dort wird aus einem *bheudhetai bodhate, hier πεύθεται aus *θευθεται.

Merkwürdig ist, daß das Griechische später durch Hauchanticipation wieder ähnliche Bildungen schafft, wie die, welche es in früherer Zeit befehdet hat, z. B. *Νίξαρχος* für *Νίξαρχος*, *Ἀνθίλοχος* für *Ἀντίλοχος*, vgl. Wacker-nagel ·Ztj. XXXIII S. 9, der noch *Φάνφαιος, ἀριθμός* anführt.

Auch bei der sogenannten Reduplikation namentlich der Gruppen st-, sk-, sp- treten Dissimilationserscheinungen zu Tage, doch muß hier näherer Betrachtung nicht vorge-griffen werden.

Was sonst noch durch schwere Dissimilationen — immer von r, l und etwa den Nasalen abgesehen — erklärt worden, ist alles mehr weniger unglaublich. Hier muß erst Be-obachtung der lebenden Sprachen weiter festen Grund schaffen, um diese Frage über ein subjektives Glauben hinauszuheben.

Auch die leichten Dissimilationen sind außer bei r und l nicht häufig.

Vulgärlat. dubenus erklärt man wohl mit Recht aus dominus. Stolz·Histor. Gramm. S. 199. Hier scheint also das n vorausgehendes m um den nasalen Klang ge-bracht zu haben. Im Lit. erscheint klebónas für plebónas, d. h. b macht p zu k.

Daß die Contaminationen sich in der Sprache finden, ist bekannt und wurde schon oben bei den Sprech-fehlern hervorgehoben. In Pauls trefflichem Buche „Prinzipien der Sprachgeschichte" 2. Aufl. handelt ein ganzes Kapitel S. 132—139 von der Contamination. Ich bitte, Pauls Ausführungen mit den oben unter Contami-

nation und Substitution gesammelten Sprechfehlern zu ver=
gleichen und hoffe, man wird eine erfreuliche Uebercin=
stimmung zweier auf ganz verschiedenen Wegen erlangten
Ansichten konstatieren können.

Ueber die Contaminationen bringen die nächsten Zeilen,
welche einiges Historische hervorheben, weitere Einzelheiten.

Der Gedanke, die Sprechfehler zur Erklärung von
sprachlichen Erscheinungen heranzuziehen, ist zuerst von
Paul, Prinzipien² S. 59 ausgesprochen worden. Die
Stelle ist so wichtig, daß ich sie wiedergeben will.

„Es giebt nun noch andere lautliche Veränderungen,
„die nicht auf einer Verschiebung oder abweichenden Ge=
„staltung des Bewegungsgefühls beruhen, die man also
„von dem bisher geschilderten Lautwandel, im engeren
„Sinne zu scheiden hat, die aber das mit ihm gemein
„haben, daß sie ohne Rücksicht auf die Funktion des Wortes
„vor sich gehen . . . .

„Es gehört hieher zunächst die Erscheinung der Meta=
„thesis. Es sind zwei Hauptarten zu unterscheiden. Erstens:
„Zwei unmittelbar aufeinanderfolgende Laute werden um=
„gestellt, vgl. ags. fix = ahd. fisc, first = frist, irnan
„= rinnan. Zweitens: Zwei nicht aufeinander folgende
„Laute vertauschen ihre Stellen, vgl. ahd. erila neben
„elira = nhd. erle — eller, ags. weleras Lippen gegen
„got. wairilos, ahd. ezzih, welches vor der Lautverschie=
„bung *etik gelautet haben muß = lat. acetum; it. dia=
„lektisch grolioso = glorioso, crompare = comprare;
„mhd. kokodrille = lat. crocodilus.

„Ferner gehören hierher Assimilationen zwischen zwei
„nicht benachbarten Lauten wie lat. quinque aus *pinque,
„urgermanisch *finfi (fünf) = *finhwi u. dgl.

„Häufiger sind Dissimilationen zwischen zwei nicht
„aneinander angrenzenden ähnlichen Lauten, vgl. ahd.
„turtiltuba aus lat. turtur, marmul aus lat. marmor,
„mhd. martel neben marter aus martyrium, priol neben
„prior, umgekehrt mhd. pheller neben phellel aus lat.
„palliolum; ahd. fluobra (Trost) gegen as. frôfra und
„ags. frôfor, mhd. kaladrius neben karadrius, mittellat.
„pelegrinus aus peregrinus.

„Als Dissimilation kann auch der Ausfall eines
„Lautes betrachtet werden, wenn er dadurch veranlaßt ist,
„daß der gleiche Laut in der Nähe steht, vgl. griechisch
„δρύφακτος (hölzerner Verschlag) aus φράσσω abgeleitet,
„ἔκπαγλος aus πλήσσω. Ebenso der Ausfall einer
„ganzen Silbe neben einer ähnlichen, mit dem gleichen Kon=
„sonanten anlautenden, vgl. ἡμέδιμνον neben ἡμιμέδιμνον,
„ἀμφορεύς neben ἀμφιφορεύς, κελαινεφής statt *κελαι-
„νονεφής; lat. semestris statt *semimestris“.

Dann fährt er fort: „Für diese Vorgänge weiß
ich keine andere Erklärung, als daß sie auf
wiederholtem Versprechen beruhen, worin ein
bedeutender Teil der Sprachgenossen spontan
zusammengetroffen ist“.

· Damit ist aber noch nicht viel gesagt, denn
man muß doch fragen, woher denn eben dieses

wiederholte, allgemeine und überall spontane Versprechen kam.

Paul rückt alsdann dem Wesen der Sache näher an den Leib und sagt: „Daß sich beim Sprechen häufig die „Reihenfolge der Wörter, Silben oder Einzellaute ver= „schiebt, indem ein Element sich zu früh ins Bewußtsein „drängt, ist eine bekannte Thatsache; ebenso daß von zwei „ähnlichen Elementen leicht das eine ausgelassen wird. „Es ist ferner bekannt, daß es besondere Schwierigkeiten „macht, ähnliche und doch verschiedene Laute rasch hinter= „einander korrekt auszusprechen".

Man sieht, daß schon Paul durch Beobachtung zu Erfahrungen gekommen ist, die dem oben Vorgetragenen nicht allzuferne stehn. Wie weit Paul über seine früheren Vorgänger hinausgekommen ist, erkennt man am besten, wenn man den Abschnitt „Dissimilation zur Vermeidung ähnlichen Klanges in unmittelbar aufeinanderfolgenden Silben" bei Curtius, Grundzüge der griechischen Etymo= logie, 5. Aufl. (1879) S. 706 zum Vergleiche heranzieht.

Was Brugmann Grundriß I. § 643 zur Erklä= rung des Silbenverlustes durch Dissimilation vorbringt, ist nicht befriedigend. Er konstatiert hierbei, daß „oft die volle und die gekürzte Form in derselben Sprachgenossenschaft nebeneinander" besteht. Es ist schwer sich darüber ein Urteil zu machen; worauf es vorläufig ankommt, ist zu zeigen, daß diese Erscheinungen nicht der Einordnung in gewisse Regeln sich widersetzen.

Paul mag Recht haben, wenn er sagt, es mache

besondere Schwierigkeiten ähnliche und doch verschiedene Laute rasch hintereinander auszusprechen. Er citiert: „Der Kutscher putzt den Postkutschkasten". Die Schwierig- keit liegt hier in dem k—, p—, p—, k—, k—, d. h. darin, daß man vorausinnervieren muß und sich immer wie ein Jongleur zwischen k und p zu bewegen hat. Die verschieden gestellten Zischlaute erschweren ein rasches Sprechen des Satzes noch weiter.

Aber noch schwieriger scheint mir für schnelles Sprechen das Wiederholen desselben Lautes zu sein, namentlich wenn es an und für sich ein schwieriger Laut ist, oder wenn es sich um schwierige Gruppen handelt. Den Kranken spricht man zu Zwecken der Diagnose vor: Sechshundertsechsundsechzig, Meßwechsel, Wachsmaske u. dgl. Moebius Allg. Diagnose der Nervenkrankheiten S. 36. So giebt es auch Uebungssätze mit gleichanfangenden Wörtern z. B.: „Wiener Wäscherweiber würden Wäsche weiß waschen, wenn Wasser Wein wäre". Wenn ich diesen Satz öfter sehr rasch sage, kommt schließlich nur mehr ein bä bä heraus, d. h., soviel ich sehe, ich kann das „w" nicht mehr leisten.

Wenn Paul meint, der Ausfall einer Silbe neben einer ähnlichen, gleichbeginnenden könne als dasselbe be- trachtet werden, wie der Ausfall eines Lautes, der sich in der Nähe wiederholt — d. h. also als Dissimilation — so ist das eine Vermutung, die erst nachzuprüfen ist.

Man bemerkt auch nicht immer denselben Weg. Got. airiza, ahd. êriro, êrro, mhd. erre „ehere". Ahd. hêrero.

herro, mhd. herre (hêre nach Positiv?), „Herr,“ Kluge
Et. Wb. s. v. Hier ist also Synkope eingetreten und
dadurch Silbenverlust. Ganz anders im ahd. eninchili,
mhd. enenkel und enekel, aus welch letzterer Form wohl
unser „Enkel“ entstanden ist.

Das lat. Material für „Verlust einer Silbe durch
Dissimilation“ bei Stolz, Hist. Gramm. der lat. Sprache,
S. 332 und bei Brugmann I 484.

Das griechische Material bei G. Meyer Gr. Gramm. [2]
S. 293. Vgl. $\vartheta\acute{\alpha}\rho\sigma\nu\nu\sigma\varsigma$ für $\vartheta\alpha\rho\sigma\acute{\sigma}\sigma\nu\nu\sigma\varsigma$, $\varkappa\acute{\varepsilon}\nu\tau\omega\rho$ für
$\varkappa\varepsilon\nu\tau\acute{\eta}\tau\omega\rho$, $\varkappa\varepsilon\lambda\alpha\iota\nu\varepsilon\varphi\acute{\eta}\varsigma$ für $\varkappa\varepsilon\lambda\alpha\iota\nu\nu\varepsilon\varphi\acute{\eta}\varsigma$, $\dot{\alpha}\mu\varphi\rho\varepsilon\acute{\nu}\varsigma$ für
$\dot{\alpha}\mu\varphi\iota\varphi\rho\varepsilon\acute{\nu}\varsigma$, $\dot{\eta}\mu\acute{\varepsilon}\delta\iota\mu\nu\sigma\nu$ für $\dot{\eta}\mu\iota\mu\acute{\varepsilon}\delta\iota\mu\nu\sigma\nu$, $\tau\acute{\varepsilon}\tau\rho\alpha\chi\mu\sigma\nu$
aus $\tau\varepsilon\tau\rho\acute{\alpha}\delta\rho\alpha\chi\mu\sigma\nu$ sind einige der bekannten Beispiele.

Vgl. auch Meisterhans Gramm. der att. Inschr. [2]
S. 92. Ein sehr schönes Beispiel $\varkappa\iota\acute{\sigma}\varkappa\rho\alpha\nu\sigma\nu$ für $\varkappa\iota$-
$\nu\acute{\sigma}\varkappa\rho\alpha\nu\sigma\nu$. Hier stehen die zwei $\nu\sigma$-Silben nicht einmal
nebeneinander.

So viel ich sehe, sind mehrere Möglichkeiten der Er=
klärung des Silbenschwundes vorhanden.

Für die erste haben wir Sprechfehler als Analogie.
Vgl. oben. Ich will sagen: „Wie ich zu sagen Ge=
legenheit hatte, sage aber: wie ich zu sagenheit hatte“.
Man überspringt eine oder mehr Silben und fährt hinter
der nächsten gleichen (oder ähnlichen) fort. Indem ich
sagen“ spreche, glaube ich schon bei „Gelegen=“ zu sein
und fahre dann „=heit“ fort. Aehnlich sind „allerleute“
für „allerlei Leute“ u. dgl. Nhd. „gen“ für „gegen“
wohl hieher und auch preuß. Dial. „Superintent“ für

„Superintendent", „Jstuto .. Jstituto Austriaco", „in=
duell .. individuell".

In einem Schema:

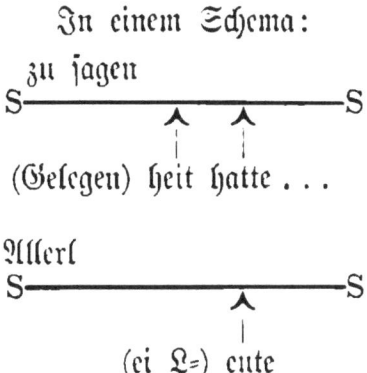

Diese Schemata haben aber einen Fehler an sich. Ich
will meine Meinung kurz darlegen.

Vielleicht kann man der Sache näher kommen, und
zwar auf Grund folgender Ueberlegung. Nehmen wir

lat. semimodius

als Beispiel. Die beiden m werden als Silbenanlaute für
ziemlich gleichwertig gelten können. Bei dem ersten m
taucht also das zweite bereits auf und verdrängt es ge=
radezu. Wenn also Stolz, Hist. Gramm. S. 332 (§ 350)
sagt, man könne sich das durch Silbendissimilation aus
semimodius entstandene semodius am besten graphisch
durch die Schreibung

sem[im]odius

erklären, so möchte ich hier widersprechen. Man wird
mir verzeihn, wenn ich schematisierend übertreibe und sage,
das m von semodius ist nicht das erste von semimodius,

sondern das zweite, anticipierte, welches das erste verdrängt hat. Richtiger erscheint mir daher das Bild
se[mi]modius.

Natürlich können alle derartigen Bilder nicht dem
Wesen der Dinge gerecht werden.

Demnach müßte man drucken *nu[tri]trix (zu nutrire),
*inquie[ti]tudo zu inquietus, *consue[ti]tudo (zu con-
suetus), *quo[ti]tus = quotus (vgl. altind. kathitá), *e[qui]-
quirria = equirria u. s. f.

Auch die Wertigkeit der in Betracht kommenden Silben
hat K. Brugmann nicht aus dem Auge verloren. Die
älteste latein. Betonung forderte

Nom.	*nūtrītrīx	die spätere nūtrítrix
Gen.	*nūtrītrīcis	nūtrītrícis
Nom.	*cónsuetitudo	consuetitúdo
Gen.	*cónsuetitudinis	consuetitúdinis
Nom.	*déntītio	dentítio
Gen.	*déntītionis	dentiónis
	*sémimodius	sèmimódius.

Man weiß nun nicht, wann die Silbendissimilation
im Lateinischen erfolgt ist, zur Zeit der alten Art des
Accentes, oder zur Zeit der jüngeren. Aber mir will
scheinen, daß die erstere Annahme — wie aus den Beispielen hervorgeht — viel mehr Anspruch auf Glaubwürdig-
keit hat, als die letztere. Im Falle der alten Betonung
der ersten Silbe haben wir es mit gleichwertigen Konsonanten zu thun, im andern Falle müßten wir schwer be-
greifliche Ausgleichungen annehmen.

Das gr. τέτραχμον „Vierdrachmenstück" neben τετρά-
δραχμον würde meine Meinung noch nicht widerlegen.
Es kann nicht *τεδραχμον geworden sein wegen des Sinnes,
welcher Deutlichkeit der Vierzahl verlangt, also τετρα—.
Die psychologische Vorstufe von τέτραχμον ist wohl assi-
miliertes *τετράτραχμον. Was Brugmann Grundriß I.
S. 483 sonst vorbringt, erklärt sich alles ungezwungen.
Ich würde nur lieber germ. *a[vi]vistrom = got. avistr.
*na[vi]vistrom = got. *-navistr (zu entnehmen aus ga-
navistron „begraben") geschrieben sehen. Was es mit dem
got. ainnohun neben ainohun für eine Bewandtnis hat,
ist nicht gar so einfach zu entscheiden. In lit. akutùtas
neben akùtas „mit Grannen versehn" zu akùtas „Granne"
liegen zwei ganz verschiedenwertige Silben kù und tù vor.
Aber man muß bedenken, daß das Litauische nicht unseren
nhd. scharf expiratorischen Charakter hat. Wie feines Gefühl
Brugmann in sprachlichen Dingen hat, beweist seine Bemerkung Grundriß I. S. 483: „In Sprachen mit vor-
wiegend expiratorischer Betonung waren es wohl immer
nichthaupttonige Silben, die von diesem Dissimilationsakt
getroffen wurden." Ich habe ganz dieselbe Empfindung,
d. h. ich halte es bei Sprachen mit musikalischem Accent
für möglich, daß dort auch andere Silben aufeinander
wirken können, ich getraue mich aber nicht darüber zu ur-
teilen, bis nicht eine genügende Anzahl Sprechfehler aus
solchen Sprachen vorliegt.

Aber mit nur einer Erklärung wird man vielleicht
nicht auskommen. Nehmen wir den Fall wirklicher Silben-

gleichheit und noch dazu Trennung beider; also *κιόκρανον*
für *κιορόκρανον*.

Ich kann hier folgendes Bild aufstellen:

κι ο ν ό κ ρ α ν ο ν

das wäre derselbe Fall wie im Sprechfehler „Fiale" für
„Filiale".

F il iale

Man könnte aber auch denken, daß das *vo* der letzten
Silbe bereits innerviert ist, und für die letzte Silbe re=
serviert bleibt, deshalb früher nicht hervorgebracht werden
kann, also wirkliche „Dissimilation".

κιό(vo)κρανον

Auch der Sprachfehler „Fiale" läßt diese Deutung zu.

F i (l i) a l e.

Man könnte also sagen bei consue[ti]tudo etc. liegen
einfach „Ueberspringungen" vor, der Zug läuft auf dem=
selben Geleise fort, überspringt aber eine gewisse Strecke.
Ein später sich wiederholender, gleicher und gleichwertiger
Laut ist die Ursache, daß eine Anzahl von früheren Lauten
übersprungen werden und bei ihm fortgefahren wird.

Im Bilde:

consue ti tudo

Hier wäre also von einer Dissimilation absolut
keine Rede.

Man könnte sich aber auch denken, daß wirklich eine spätere Silbe eine frühere ähnliche oder gleiche unterdrückt wie ein r durch ein folgendes erdrückt werden kann oder seinerseits ein folgendes erdrückt. Aber man bedenke auch die Unterschiede: r und r sind gleich, aber ti und tu nicht. Wir kommen hier am besten mit dem Begriffe der Anticipation, die ja so häufig zur Silbenunterdrückung führt, durch.

Die Fälle, wo Synkope vorliegt, erhalten sich zu denen, wo Silbenschwund erscheint, so wie Stottern und Silbenausfall im Sprechfehler.

Es verhält sich:

(Lat. matutinus)		(*consuetitudo)
vulgär. mattinus	zu	consuetudo
	wie	
gestottertes		Dissimilation
* mat. tinus	zu	consue-tudo.

Die Erscheinungen bei r verdienen eine eigene übersichtliche Zusammenstellung.

Die Sprachgeschichte verzeichnet folgendes:

1. Metathesen auf den verschiedensten Gebieten und zu den verschiedensten Zeiten. Auch das Germanische weist sie auf.

Aber im Sprechfehler von heute sind sie sehr selten. Das hat ganz gewiß seine bestimmten Gründe, d. h. im heutigen Deutsch ist wohl die Verbindung Vokal + r oder l, bezw. r oder l + Vokal anderer Art als sie es zu Zeiten, wo solche Metathesen möglich waren, gewesen ist. Die

Laute sind heute funktionell offenbar zu verschieden, als daß ihre Vertauschung möglich wäre, sie gelten nicht annähernd als „gleichwertig".

Ueber die Metathese von idg. ur vgl. Noreen, Abriß der urgerman. Lautlehre S. 224. Vgl. z. B. idg. * qetwr̥- und *qetur- bei der Vierzahl.

2. Vorsetzungen, Anticipationen.

r wird in eine frühere Silbe gesetzt und schwindet auf dem alten Platze. Ital. crompare = comprare; compra „Kauf", aber nhd. „Grempel", Kluge⁴ S. 121. Dial. ital. Crapi für Capri. Altnord. fifrilde = ahd. fifaltra (ags. fifealde) Kluge s. v. „Falter". Gr. Attisch κάτροπτον statt κάτοπτρον, ϑυροκλιγκίς statt ϑυροκιγκλίς, Wackernagel Ztf. XXXIII. 9.

Vorklänge. r klingt vor, bleibt aber auch auf dem alten Platze. Mhd. mss. iarmer für iâmer. Rhd. Quarderstein. Ahd. wirdar = widar = got. viþra. Graff I. 635; wirdrota I. 641 wohl erst von wirdar. Alem. gerstern, vgl. L. Frauer, Mhd. Gramm.² S. 26. Sehr auffallend sind die deutschen Beispiele, welche Vordringen eines r unbetonter Silbe in die hochtonige zeigen.

Gr. ϑυροκλιγκίς, ἐλῃρτούργησεν statt ἐλῃτούργησεν, Meisterhans² 62. G. Meyer, Gr. Gr.² S. 292. Lat. vulgär vinginti für viginti (Bréal Mém. Soc. de Ling. 7. 443. Franz. trésor = lat. tesaurus, Meyer-Lübke, Rom. Gr. I. S. 586. Bretonisch prennestr = lat. fenestra (R. Schmidt, Idg. F. I. 44 Anm.).

3. Zurücksetzungen, Postpositionen.

r tritt in eine spätere Silbe und schwindet an seinem Platze. Mhd. kokodrille = lat. crocodīlus. Mit Metathese corcodīlus, mit „Nachklang" crocodrillus. Vgl. pristis und pistrix, Stolz S. 239.

Nachklänge. r klingt nach, d. h. erscheint auch in folgender Silbe. Meyer = Lübke, Rom. Gr. S. 586 tristre, rustre. Englisch bridegroom für angelsächsisches brydguma (ahd. brutigomo 2c.) nach groom „Jüngling". Alem. verlurst. L. Frauer, Nhd. Gr.² S. 26.

4. Assimilationen von r und l vgl. Stolz, Histor. Gramm. S. 238 lilium = λείριον.

5. Dissimilationen, a) schwere, d. h. Lautunterdrückungen. Der Laut schwindet an erster oder zweiter Stelle, z. B. gr. δρύφακτος = *δρυ-φρακτος. Vgl. Meyer = Lübke a. a. O.; ital. propio, arato, frate. Lateinisch frāg(r)are, creb(r)escere, praestīgiae, sempiternus = semperternus, fistula aus *flistula, Stolz S. 238. Aus dem Griech. Material bei G. Meyer, Gr. Gr.² S. 292. In δρύφακτος aus δρύφρακτος ist das zweite r geschwunden, in φατρία aus φρατρία das erste. Ueber zwei Silben θιπόβρωτος für θριπόβρωτος. G. Meyer a. a. O. hat sehr Recht für φαδρυντής (φαιδρυντής) auf φαιδρυντήρ zu appellieren, aber der Schwund des ρ stammt entweder noch aus Cajus wie *φαιδρυντρός (wenn es das gegeben hat) oder aus φαιδρύντρια, dem femininum.

Daß in der Lautfolge, wie in φαιδρυντήρ ρ nicht schwindet, zeigt ganz klar φρατήρ gegen φατρία.

Das Germ. Material bei Norcen, Abriß der urger=
manischen Lautlehre S. 221, 220. Hier ist noch sehr
viel unklar und muß eine spezielle Untersuchung eingreifen.

Altindisch. çithirá „locker, lose" zu çrath- Brugmann,
Zum heutigen Stand der Sprachwissenschaft S. 50 anm.

b) Leichte Dissimilation; r wird zu l (l zu r.) Lat.
corulus aber colurnus, lat. lentisculus wird prov. zu
lentiskle und restenkle, got. aúrali „Schweißtuch" =
vulg. latein. *ōrarium Vgl. Stolz, H. Gr. S. 190 nach
Kluge Zts. für roman. Philol. 1893. Lat. lucrum aus
*luklom, subligaculum aus *-ligaclom u. s. w. cae-
ruleus aus *caeluleus, Beispiele bei Stolz S. 236. So
erklärt man auch sterquilinium aus *sterquininium.

Litauisch. Grygalis, Gregorius, Malgorata Margarethe
in Godleva Margarytà. „Lägel" ist lit. legérys, „Bürger"
bùrgelis, „Reiter" raítelis, „Träber", drèbélès oder
drévélès.

Zu 5.

Hier ist schon etwas zur Erklärung gethan und zwar
zu dem Fall, wo ein r ganz ausfällt. Das Ver=
dienst, die erste Erklärung der r=Unterdrückung gegeben zu
haben, gebührt dem Wiener Professor an der mediz. Fa=
kultät der Universität Dr. Salomon Stricker, dem freilich
die sprachlichen Thatsachen nicht bekannt waren, so daß
er sich der Folgen seiner Selbstbeobachtungen für philo=
logische Probleme nicht bewußt war.

Ich muß auf eine Stelle aus Strickers: Studien
über die Sprachvorstellungen hinweisen. Er sagt S. 86,

indem er über die Fähigkeit zwei Worte gleichzeitig vor=
zustellen handelt:

„Meine Annahme, daß die Wortvorstellungen mo=
torische Vorstellungen sind, daß die Lautcentren der
Reihe nach erregt werden müssen, um ein Wort vorzu=
stellen, ist mit diesen Erscheinungen zwar nicht ohne weitere
Ueberlegung und Beobachtung in Einklang zu bringen.
Wie sollten z. B. in der Wortreihe „Roland der Riese
am Rathaus zu Bremen" mehrere „R" haltende Silben
auf einmal, wenn auch mit ungleicher Lebhaftigkeit wahr=
genommen werden, wenn wir nur ein „R"=Centrum be=
sitzen. Bei genauer Beobachtung klärt sich aber der Wi=
derspruch. In dem Augenblicke als ich still denkend
„Roland" zu lautieren anfange; während also
das „Ro" im Vordergrunde steht und „Riese"
bereits anstaucht, habe ich in der That nicht
die dunkle Vorstellung „Riese", sondern nur
„iese".

Ich erlaube mir die letzte Stelle im Drucke hervor=
zuheben. Mich dünkt, wir stehen hier vor einer bereits
geschlagenen Brücke zwischen Naturwissenschaft und Lin=
guistik, trotzdem bis jetzt Niemand weder herüber noch
hinüber zu gehn für gut fand. Die Brücke ist bis heute
übersehen worden.

Strickers Selbstbeobachtung löst fast das Rätsel von
δρύφακτος. Die Beobachtung ist richtig, aber die Er=
klärung steht aus. Ich verweise zu weiterer Bekräftigung
auf die oben konstatierten Sprechfehler: „A popos, Fritz!"

für „A propos, Fritz!" — „Tränke schlürfen, so baut"
für „. . braut" — „zweifü . . flüglige" — sowie auf
den Schreibfehler „Tragung der Tauer für „. . Trauer". —

Aus einem *δρύ-φρακτος wurde ein δρύφακτος,
sobald das Wort verschmolzen war zu einem in einer
Bahn abrollendem psychologischem Prozesse, mit nur einem
Ausgangspunkte, sobald dem Sprecher bei *δρυ auch schon
das *φρακτος sich über die Schwelle des Bewußtseins
drängte und ebenso in alter Zeit bei germ. *pluklos („Vogel"
zu „fliegen"), woraus dann *puklos*). Warum blieb aber
φρατήρ, wo doch auch zwei r=Laute im selben Prozesse
gedacht werden mußten? Diese ρ waren eben nicht gleich=
wertig wie jene von *δρύφρακτος, worauf ich eben hin=
wies. Wie ist jedoch das mit Strickers Annahme von
Lautcentren zu vereinigen?

Wir müßten dann überhaupt in den Sprachen eine
weitgehende Abneigung gegen Wiederholung desselben Lautes
in demselben Worte finden, wovon aber noch niemand etwas
gemerkt hat.**) Giebt es also innerhalb dieser „Lautcentra"
wieder verschiedene kleinere Bezirke, so daß nur in dem=

---

*) Es macht einen Unterschied aus, ob der Sprechende ety=
mologisiert oder nicht. Dem δρύφακτος steht ein τρίβραχυς τρίκ=
ρανος . . gegenüber. Angermann meint, jenes sei volkstümlich, diese
meist nur künstliche Gebilde. Das dürfte schwerlich den Sachverhalt
erklären. Ich glaube, das wesentliche des Unterschieds liegt darin,
daß das erste die Sonderbedeutung der Teile zu einer gemeinsamen
neuen erhob, es wurde ein oft verwendetes appellativum, während
in den anderen die Sonderbedeutung der Teile klar blieb.

**) Vgl. Lobeck Paral. 18. bei Curtius⁵ S. 706.

selben Worte die Wiederkehr eines **gleichwertigen** Lautes nicht gerne geduldet würde?

Ich glaube, am besten zu thun, wenn ich die Frage nach der Lokalisation der Laute, der Lautcentra, den Naturforschern überlasse. Mayers und meine Meinung ist oben S. 4 dargelegt. Für mich existieren zwei Thatsachen:

1. Daß es Wortbilder giebt, motorische und akustische.

2. Daß aber trotzdem das Wort kein unzerreißbares Ganzes ist, denn es kann jeden Augenblick durch einen Sprechfehler eines oder mehrerer Laute beraubt werden oder Zuwachs erhalten.

Was darüber hinausgeht, ist alles hypothetisch und sei in die Anmerkung verwiesen*).

Ein Einwand ist abzuwehren. Wenn man statt frifri auch im stillen Sprechen nur frifi wahrnehmen kann, so

---

*) Techmer hat Strickers Gedanken fortgesponnen, vgl. Phonetik I. 215. Er sagt daselbst: „Wie aber Stricker statt der Wortcentren Lautcentren annimmt, weil im Worte Verschiebung der Silben und Verwechslungen der Laute vorkommen, genau aus demselben Grunde möchten wir statt der Lautcentren Articulationscentren annehmen, weil innerhalb der Laute Verwechslungen und relativ verschiedene Energie der Articulationen möglich sind. — Wir nehmen also an, daß Centren der Articulationen, der wahren phonetischen Elemente beim Sprechen und Singen in größerer oder geringerer Anzahl simultan resp. successive erregt werden. Erst durch diese Hypothese wird uns die articulierte Sprache, wie auch das Singen, in ihrem phonetischen Mechanismus durchaus erklärlich von dem Moment, in welchem in den einzelnen Artikulationscentren des Sprechenden die verschiedenen Artikulationstasten gleichzeitig und nacheinander angeschlagen werden, bis zu dem Zeitpunkte, wo die Bewegung sich zu den Centren des Hörenden fortgepflanzt hat."

ist doch diese Lautfolge nicht unmöglich zu sprechen; es setzt nur eine besondere Anstrengung voraus, die uns für gewöhnlich namentlich im schnellen Sprechen nicht angenehm ist. Durch Uebung lernt man ein und dasselbe „Centrum" in gleicher Intensität rasch hintereinander anschlagen.

Die Alliteration als Bindemittel der Verse ist zuerst natürlich nur ein Gedächtnisbehelf und kein aesthetisches Mittel. Beim langsamen feierlichen Sprechen ist es auch nicht schwierig denselben Laut hintereinander mehrfach zu sprechen, nur beim raschen Sprechen stellen sich die Schwierigkeiten ein.

Ich bin sonst durchaus kein Anhänger von Strickers Theorie, derzufolge die innere Sprache **bloß** aus **motorischen** Sprachvorstellungen bestehn soll. Ich glaube, daß Gehörvorstellungen dabei noch mindestens eine ebenso große Rolle spielen. Weniger dürften bei den meisten (auch den heutigen Gebildeten) Menschen die Schrift- und Schreibebilder ausmachen, wenngleich der Einfluß der beiden letzteren auf die gesprochene Sprache im Steigen begriffen ist. Aber Strickers Deutung der r-Dissimilation gilt auch dann, wenn die innere Sprache nicht bloß aus motorischen Sprechbildern besteht.

Am 18. April 1894 besuchte ich die psychiatrische Klinik in Wien, um von einigen Dingen selbst eine Vorstellung zu erhalten. K. Mayer (damals noch Privatdozent) führte fünf Kranke vor (Paralytiker) und ließ sie mehrere von mir gewünschte Wörter sprechen. Meine Erwartungen betreffs der Erscheinungen bei s, r erfüllten sich aber erst durch R. Mayers sachkundiges Eingreifen.

Ich schrieb den Kranken auf:

krakra

pripri

karkar

und ähnliche Wörter und hoffte, es werden sich Assimilationen, Dissimilationen und andere Erscheinungen einstellen. Die Kranken lasen aber die Wörter ganz korrekt und lächelten überlegen. Aber das gewünschte stellte sich ein, als Dr. Mayer die Untersuchung in die Hand nahm.

Ich gruppiere die Erscheinungen:

1. Metathesen — nicht gehört.

2. Anticipationen: „Territrolitarität (Territorialität).

3. Postpositionen: „Bigrade" für „Brigade".

4. Epenthesen — nicht gehört.

5. Vokal-Assimilationen: „Excitibitalität" für „Excitabilität" (dabei auch Postposition von ta).

6. Dissimilationen. a) leichte; l für r: „dritte leitende" für „dritte reitende", „Territolitarität"; u für l: „dritte reitende Artonnerie-Brigade". b) schwere Dissimilation, Lautunterdrückung: „Lanoin" für „Lanolin", „Lanoinöl". Als dann Mayer vorsprach: „Alles Lanolinöl" sagte der Kranke: „Alles Anolinöl". Leider hat Mayer das nicht gehört. Sehr interessant war auch „Teitolitarität" und „Exteitolitarität". Man vergleiche

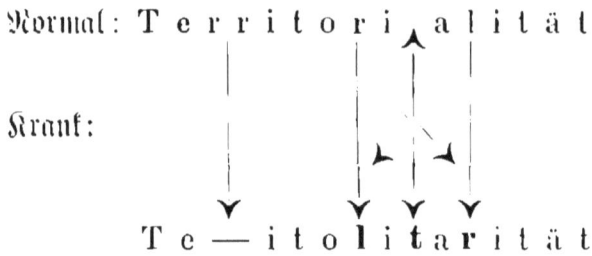

Normal: Territorialität

Krank:

Te — itolitarität

Wir finden also eine r Unterdrückung, eine darauf= folgende leichte Dissimilation des r zu l, einen Einschub eines t vor a — als Nachklang der Silben Te- to — und eine Ersetzung des l durch r, oder, vielleicht besser, eine Vertauschung von l und r.

Leider ist das von mir oben mitgeteilte Material zur Beurteilung der Dissimilationen allzu dürftig. Hier wäre die klinische Beobachtung sehr wertvoll, da Kranke eine gesteigerte Empfindlichkeit gegen die in Betracht kommenden Laute zu haben scheinen. Ich bin zu solchen Untersuchungen nicht geeignet und muß mich begnügen, die Psychiater und Nervenpathologen auf dieses Problem aufmerksam zu machen, mit der Bitte mit möglichst großer Praecision das Gesprochene und Ge= hörte zu verzeichnen.

Um es noch einmal hervorzuheben: mich will be= dünken, daß Strickers vollkommen unbeeinflußte Beobachtung und das oben gegebene immerhin genügen, es als wahr= scheinlich erscheinen zu lassen, daß das Rätsel von ὀρό= γαχτος so gut wie gelöst ist oder gelöst werden kann.

Es ist hier noch eines Umstandes zu gedenken. Ist es nicht merkwürdig, daß die Sprache und der Sprech=

fehler durch r Anticipationen scheinbar solche Lautfolgen
schafft, die beide in anderen Fällen wieder vernichten?
So klingt bei kakra r schon in der ersten Silbe vor.
Also bildlich:

k r a k r a

Aber krakra liebt die Sprache nicht. Auch das ist nach
unseren anderen Erfahrungen nicht mehr so ganz unfaß-
bar. Hinter dem ersten r taucht als Vorklang das zweite
auf. Im Bilde:

k r a k r a
r

Vor- und Nachklänge sind um so wirksamer, je ähnlicher
sie dem zu sprechenden Laute sind. Zwischen r und r
kommt es zum Kampfe, der noch vollkommen dunkel ist;
aber sicher ist, daß er unter Umständen mit Vernichtung
beider endigt. Man erinnere sich, daß in ähnlichen Fällen Lautstottern eintritt oder em-
pfindliche Störung des Redeflusses.

Den Philologen ist ja das Experiment leider nicht ge-
schenkt. Aber in Bezug auf manche Fragen ist es auch hier
möglich. Assimilationen, Dissimilationen, Vertauschungen
u. dgl. giebt es überall, zu allen Zeiten. Das zeigt, daß
hier etwas Anderes vorliegt, als unsere gewöhnlichen Laut
gesetze, die zeitlich und örtlich begrenzt sind. Aber gerade
weil sie so häufig vorkommen, müssen sie tief begründet
sein und müssen sich auch für sie die Regeln finden lassen.
Man muß einmal, wie schon Schuchardt in einer kleinen
aber königlichen Schrift angedeutet hat, einen Laut, ein
Wort, einen Satz tausendemale hintereinander sprechen lassen

und sehen, was dann zum Vorschein kommt. Das wird uns weiter in die Mechanik der inneren Sprache einweihen. Die Naturforscher mögen sich dieser Frage annehmen. Mit ihrer Hilfe wird man bestimmt zur Lösung kommen.

Ich will zum Schlusse auch meine Meinung über die besprochenen sprachlichen Erscheinungen kurz zusammenfassen.

Mich dünkt, daß die sprachlichen Thatsachen durch eine ganz rohe Vorstellung von Lokalisation der Sprech=laute in unserem Sprechcentrum genügend veranschaulicht werden können.*) Ein Klavier mit sehr vielen neben= und übereinanderliegenden Tasten, die durch dazwischenfließende Fäden angeschlagen werden können, scheint mir ein verwend=bares Bild zu sein, und soviel ich sehe, werden solche Bilder von den Psychiatern oft genug gebraucht.

Man müßte sich dann weiter vorstellen, daß die Centra verwandter Laute möglichst nah beieinander liegen, also die für r und l, für m und n, die Gutturalen, Dentalen, Labialen, aber so, daß alle Mediae wieder näher bei=sammen sind, alle Tenues. Bei einer dreidimensionalen Anordnung hätte eine solche Vorstellung keine Schwierigkeit.

Die sprachlichen Thatsachen wären dann so deutbar:

I. Nebeneinander stehende Laute.

a) Assimilation erklärte sich daraus, daß man den Weg von einem Lautcentrum zum andern möglichst abkürzt; also man spricht apta für abta, acta für agta u. s. f.**

---

*) Aber bloß veranschaulicht. Vgl. oben S. 4.

**) Das Tonloswerden von Media vor Tenuis ist gewiß ein schon indogermanischer Lautprozeß. Zweifelhafter ist, ob Tenuis vor Media tönend wurde. Vgl. lit. lipdams Kurschat Gramm. S. 39 gegen Schleicher.

b) Gleichmachung fiele unter denselben Gesichtspunkt, also atta für *adta. Zu beachten ist, daß von wirklicher Doppelconsonanz keine Rede ist; man spricht einen langen Konsonanten, wie aus verschiedenen kurzen Vokalen ein einheitlicher langer entsteht.

c) Dissimilation nebeneinander stehender Laute kann man bildlich daraus erklären, daß die Sprachen es bei mehreren Lauten gern vermeiden, zweimal nacheinander dieselbe Taste anzuschlagen.

II. Entfernte Laute.

Die Laute der Rede können sich auch auf gewisse Entfernungen beeinflussen, weil sie bereits voraus innerviert werden. Wie weit voraus das geschieht, ist nicht erforscht, doch jedenfalls viel weiter, als auf das zu sprechende Wort. Man kann nicht sagen, daß alle Laute aufeinander einwirken, sondern die Laute wirken gruppenweise auf einander ein nach ihrer Wertigkeit.

Die näheren Erklärungen sind dieselben wie früher.

a) Assimilation. Wenn ich beim Laut a schon den Laut b innerviere, so ist es wieder begreiflich, ihn so nah als möglich an a heranzurücken. Ja es kommt hier sogar vor, daß manche Laute ganz angeglichen werden, ai. emaeru u. s. w.

b) Gleichmachung. Diese ist hier ein wirkliches doppeltes Anschlagen der Taste, an welcher aber die Sprache, wenn es sich nicht um nebeneinanderstehende Laute handelt, d. h. aufeinanderfolgendes Anschlagen derselben

Taſte, bei vielen Lauten gar keinen Anſtoß nimmt. Die
r= und ſ Laute ſind vor allem ausgenommen.

c) Diſſimilation. Der bereits innervierte Laut, der
ſpäter geſprochen wird, verdrängt den eben zu ſprechenden.
In einem Bilde:

1. Stadium.   2. Stadium.

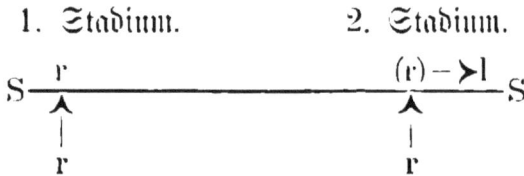

Die Bahn läuft in Folge deſſen über l ab. Das iſt der
normale Fall. Es kann auch das Umgekehrte ſich er=
eignen, daß der eben geſprochene Konſonant die Inner=
vierung des folgenden zur nächſten Station ablenkt.*)

Mit der Annahme von Laut Taſten d. h. Lautcentren
kann man allerdings nicht alles verſinnbildlichen. Wenn
man bei den ſyntaktiſchen Vertauſchungen Adjektiv und
Adjektiv, Subſtantiv und Subſtantiv vertauſcht, ſo ſieht
das den Lautvertauſchungen ſehr ähnlich und hier iſt
mit einer Lokaliſation ſchon nicht mehr zu rechnen. Das iſt
mein Grund, warum ich die Lokaliſation nur als Schema
betrachte. Wie weit oft Wörter, namentlich wenn ſie
funktionell ſich entſprechen, aufeinander einwirken, möge
man an folgendem Beiſpiele erſehen. Ich wollte ſagen:
„Man kann **unwohl** werben, aber man kann nicht **um=**
fallen" und ſagte: „Man kann **umwohl** .. " worauf ich

---

*) lat. varietas, societas gegen benignitas; Vgl. Stolz.
Hiſt. Gramm. S. 183.

mich korrigierte. Ein anderes Beispiel berichtet mir
Mayer: „Die Hund.. die Leute haben geglaubt, wir
haben einen bissigen Hund". —

Die idg. Sprachgeschichte zeigt uns, daß *pet-é-
*veid-é-, *bheug-é-, *bhend-é-, *sperdh-i zu pté-,
*vidé-, *bhugé-, *bhndé-, *sprdhi geworden sind. Da er=
hebt sich nun die Frage, warum i, u, r, n, m viel wider=
standsfähiger sind als alle a e o und ā ē ō sogar.

Es ist kein Zweifel, daß jedem Schwund eines Lautes
eine psychische Verarmung vorausgeht. Ein Laut mit
reichem psychischen Inhalt ist der Verarmung nicht so
leicht ausgesetzt, wie ein anderer. Daß r l m n Laute
mit reichem psychischen Gehalte sind, ist unzweifelhaft.
Aber i und u kommen ihnen nahe, das zeigt sich auch
darin, daß i- und u-Umlaute sich häufig und zwar bei ganz
verschiedenen Völkern finden, ein Zeichen, daß diese Laute
so mächtig sind, daß sie sich leicht dem Bewußtsein zu
früh aufdrängen.

Man glaubt heute oft schon alles gethan zu haben,
wenn man die lautlichen Thatsachen noch lautphysiologisch
behandelt. Das hat uns das Wort „lautmechanisch" an=
gethan, von dem noch kein Mensch weiß, was und wie=
viel ihm in Wirklichkeit entspricht. Ich möchte die Be=
deutung der peripheren Organe nicht unterschätzen, aber
die letzte Ursache aller Spracherscheinungen ist im Central=
organ des Nervensystems zu suchen.

Nachtrag.

—·—

Ich will hier noch einer kleinen Schrift erwähnen,
— es sind die einzigen Fußstapfen eines Philologen, mit
Ausnahme H. Pauls, die ich auf meinem Wege fand —
nämlich der Schrift B. Delbrücks über „Amnestische
Aphasie", vgl. Sitzungsberichte der Jenaischen Ges. für
Medizin und Naturw. 1887 S. 91.

Delbrücks kurze Darstellung ist mir erst nach Ab=
schluß dieser Arbeit durch K. Mayer bekannt gemacht wor=
den. Ich freue mich, mit Delbrück in einigen Dingen,
auf die ich Wert lege, im Urteile übereinzustimmen und
erlaube mir einige Stellen aus seiner Schrift heraus=
zuheben:

S. 92. „Ist in der Seele eine Vorstellung des ein=
zelnen Lautes wirksam, und kommt diese dann zur Aus=
sprache, oder sind Bilder der einzelnen Laute in der Seele
überhaupt nicht wirksam? Gelegentlich mag das erstere
wohl der Fall sein, z. B. bei Schauspielern, welche die
Absicht haben, gewisse Laute anders hervorzubringen, als
sie in ihrer Jugend gelernt haben, aber bei der großen

Masse der Menschen ist das sicher nicht der Fall. Die Laute werden von uns nicht einzeln gelernt, sondern in und mit den Worten".

S. 93. „Die Kinder eignen sich die Sprache hauptsächlich dadurch an, daß sie die Wörter nachsprechen, welche sie hören. In der Schule werden zwar beim Lesenlernen die Wörter zerlegt, aber wenn wir in die Schule kommen, können wir bereits sprechen, und das bißchen Schulübung geht im Leben bald wieder verloren".

S. 93 f. spricht er über Laut- und Wortverwechselungen im Sprechfehler. Auch hier hat Delbrück mehreres zuerst erkannt.

Dagegen bin ich noch nicht in der Lage, zu seinen Andeutungen über Außenwörter und Innenwörter S. 95 Stellung zu nehmen.

Das, was Delbrück über das Sprechen- und Lesenlernen der Kinder sagt, steht dem, was ich oben unter K. Mayers Zustimmung schrieb, sehr nahe. Sollte ein übelwollender Leser mir hier eine unerlaubte Art der Benützung vorwerfen, so erkläre ich, daß ich einen solchen Vorwurf von vornherein dankend ablehne. Wem immer ich irgend etwas verdanke, dem habe ich in pedantischer Klarheit gedankt. —

Es ist möglich, daß man zwischen meinen Ansichten über die Art, wie man spricht, über das Wesen unserer inneren Sprache, die nach S. 4 ff im wesentlichen in Wortbewegungsbildern besteht, und den späteren Teilen

der Arbeit, die nur die Laute der inneren Sprache be=
handeln, einen Widerspruch findet.

Derselbe löst sich jedoch, wenn man die Güte hat,
das Schema auf S. 164 genau zu beachten. Man wird
dann sehen, daß unter den Wörtern wieder Wörter
vorklingen und nachklingen. So klingt unter „Staate"
das folgende „Däne=" und „marks" vor, während „faul"
dabei nachklingt. Kommt es zur Kollision, so werden
adaequate Teile des Wortes losgerissen und erscheinen
dann an neuer Stelle. Der Widerspruch ist also nur
ein scheinbarer.